二十四节气课程开发与实施·春夏卷

——苏州科技城实验小学校校本课程指导用书

海豚出版社
DOLPHIN BOOKS

IPG 中国国际出版集团

图书在版编目（CIP）数据

二十四节气课程开发与实施．春夏卷 / 徐瑛主编．
-- 北京：海豚出版社，2020.2
苏州科技城实验小学校校本课程指导用书
ISBN 978-7-5110-5058-8

Ⅰ．①二… Ⅱ．①徐… Ⅲ．①二十四节气－小学－教材
Ⅳ．① G624.201

中国版本图书馆 CIP 数据核字 (2019) 第 277478 号

二十四节气课程开发与实施·春夏卷

主　　编：徐　瑛
副 主 编：高春香　张　玮　刘　琴
科学指导：齐德利
参编人员：李琴红　丁一慧　王文洁　姚雨洁　刘亚平
　　　　　沈小莉　何云莹　彭春宇　张　黎　王恺恒
　　　　　府婷婷　刘烨婷　郑雯靖
出 版 人：王　磊
策划编辑：王　然
责任编辑：王　然　纪雅茹　张思雨
美术设计：马凝思
封面设计：许明振
责任印制：于浩杰　蔡　丽

出　　版：海豚出版社
地　　址：北京市西城区百万庄大街 24 号　　邮　　编：100037
电　　话：010-68325006（销售）　010-68996147（总编室）
传　　真：010-68996147
印　　刷：北京协力旁普包装制品有限公司
经　　销：全国新华书店及各大网络书店
开　　本：16 开（710mm×1000mm）　　印　　张：11
字　　数：172 千　　印　　数：5000
版　　次：2020 年 2 月第 1 版　2020 年 2 月第 1 次印刷
标准书号：ISBN 978-7-5110-5058-8　　定　　价：39.80 元

推荐序

面对爆炸式增长的知识，威尔·杜兰特曾发出这样的感慨：

"人类知识的重负太大了，已经不能为人类的心灵所承受了。剩下的便只是对越来越少的问题知道得越来越多的科学专门家，和对越来越多问题知道得越来越少的哲学思辨家了。当专门家们蒙上自己的双眼，以便对整个世界不闻不问，而把眼光仅仅盯在鼻子底下的那一小块地方时——整体消失了，'事实'取代了理解，而被分割得七零八落互不关联的知识已不再产生智慧和力量了。"

这其中受害最深的，无疑是教育。细分学科带来的教育弊端，在互联网时代日益凸显。"内容综合化"不仅是有识之士的急切呼唤，而且已经成为现代教育发展的一种趋势。解决这一问题的真正落脚点，只能在课程的研发上。于是，对优秀学科融合课程的渴望，特别是对中国本土优秀学科融合课程的渴望，就成为必然。也正是因为这个原因，当我第一次见到齐德利博士，听他介绍二十四节气课程的时候，立刻眼前一亮，更对齐德利、高春香夫妇和他们的女儿牙牙就读的苏州科技城实验小学校，在节气课程研发过程中所做的努力，充满敬意。

二十四节气是名副其实的博物科学、综合学科，具有完整的知识体系、明确的研究对象和一系列复杂交叉的科学研究方法。它有深厚的历史积淀，是中华民族优秀传统文化的重要组成部分，同时还有非常现实的指导价值，是值得教育工作者不断传承发扬、深入挖掘的一门中国课程。

首先，这是一个很好的学科融合课程。二十四节气作为一门博物科学，包罗万象，不仅涉及天文、地理、气象、农业、物候、音乐、美术、体育、民俗、艺术等方面的知识，还衍生出很多习得技能的活动，如机械制造、食品加工、诗词吟诵，等等。它既有人类探索未知过程中生成的各类科学问题，有一系列工程技术支撑，有大量的数学运算，还有非常美妙的艺术表达和呈现。全日制学校教材中的很多内容，以二十四节气为载体，能有机地整合成一个完整的知识体系，实现"打通语数外，盘活音体美"的学科融合。

其次，这是一门生动的生活教育、生命教育课程。二十四节气是中国古代农耕文明的产物，与大自然的节律息息相关，时至今日仍深刻地影响着人们的衣食住行，贯穿渗透于生活的方方面面，引导人们亲近自然，为天地写诗史，为万物立传记。以这样的课程为载体，可以更好地实现知识、生活和生命的深刻共鸣。

第三，这是一门有效的家校合育课程。以节气为作息，让学校、家庭、社会、自然在时间维度上同步，给家校合育提供了得天独厚的教育资源。"时时有教材、处处有教室、人人是教师"的教育理念，在节气课程实施的过程中，可以得到充分发挥和演绎。

最后，这是一门面向未来、走向世界的中国课程。二十四节气，本来就是人与自然和谐共生的产物。它不仅包括一系列科学知识，更体现了中国人的思维方式和价值观念，是东方智慧的凝聚。构建"人与自然生命共同体"和"人类命运共同体"，二十四节气课程会彰显自己的独特价值。无论全球未来学校如何进化，人类都不可能让学校远离自然。在人类和自然相处越来越紧密融洽的进程中，中国的二十四节气所体现的天人合一的思想，定会被越来越多的人接受，成为大家的共识。

课程决定人才规格和质量。新教育实验的十大行动之一，就是"研发卓越课程"。苏州科技城实验小学校是国内较早开展二十四节气校本课程研发的学校。在中科院地理资源所专家团队的长期支持指导下，学校已经形成了相对完善的一套二十四节气课程教学实践体系。

很高兴见到这门课程终于有了一套完整的指导用书。这门课程只有一套教材是远远不够的，但是，先有一套教材满足现实需要，又是非常迫切的。这部课程指导用书虽然是"筚路蓝缕启山林"的初创，却一点也不粗糙，有很多惊喜和精彩。

首先，它凝聚了苏州科技城实验小学校校长、教师、学生的辛勤努力，其中呈现的经典案例、教学方法、实践活动，很多都是第一次做，具有很强的创新性，这是最难能可贵的。这些可敬的老师们和可爱的同学们是这门中国课程的先行者和先试者，也是探路人、探索者。

此外，齐德利博士和高春香老师带领的中科知成团队，以及图书出版方中国外文局海豚出版社，从原创《这就是二十四节气》绘本和《这就是二十四节气自然笔记本》填补国内空白，到出版成套的节气课程指导用书，在研发卓越课程的道路上，一路跋涉，坚毅前行，就像一只瞿龟，从未停下脚步。他们对课程品质的追求，同样没有止境。坚信只要上路，总会遇到庆典，我们期待着二十四节气这门中国课程，尽早走向全国，走出中国，惠及世界。

卢志文

新教育研究院名誉院长

翔宇教育集团总校长

序

　　苏州科技城实验小学校在新校建设伊始，就将生活教育作为学校办学的践行方向。几年来，我们一直践行生活教育，我们提出：好好生活就是教育，教育是为了更好的生活，生活生长出更好的教育。我们相信，生活是儿童成长的土壤，在生活这个原野里，才能孕育勃勃生机和无限情义。

　　我们努力探索一条适合儿童的生活教育之路。学校地处大阳山脚下、诺贝尔湖旁，依山傍水，生态优美，学生在上下学途中就能看到一年四季二十四节气的气候、物候变化。有此得天独厚的条件，学校原创研发了"生活中的二十四节气"课程，为儿童设计丰富的课程内容，以此提升儿童的科学思维，增强对生活与大自然的热爱。而师生共同学习和传承二十四节气，既是为了唤醒并重塑民族的共同记忆，又是在激活当代文化的内在基因，旨在实现传统文化的活态传承。

　　苏霍姆林斯基在谈到儿童与大自然的关系时，他把大自然称为思想和语言的源头，"必须在大自然这个思想和语言的源头去教会孩子们思考，去发展他们的智力和才能，否则，教育教学就会沦为师生共同的沉重负担，成为令人窒息而无法超越的劳役和苦难。"我们要培养的儿童是能在生活天地里探索，求知，实践，获得丰富的个人体验的"活泼泼的人"。儿童是天生的动物学爱好者、植物学观察者、天象物候的好奇者，而成人却硬生生将儿童拖离大自然这本神奇的教科书，活生生泯灭儿童的各种好奇心、求知欲。

　　作为教育工作者，我们深知，节气课程能否在学校有效开展，取决于是不是拥有适合学情、校情，能够持续迭代的课程体系。"生活中的二十四节气"课程是学校老师群策群力、设计创新的结果，它凝聚了"节气团队"集体的智慧。我们一边研究一边实践，一边实践一边总结反思。最终，这些成果在这套《二十四节气课程开发与实施》中得以完整呈现，大家可以一探二十四节气课程的教学全过程。希望这套书能为有意开展节气教育的学校、机构、团体提供一些帮助与借鉴。

　　我们有一个共同的心愿，让儿童穿越在二十四节气的精神文脉里，感受到中国文化的源远流长，知道我们从哪里来；更希望他们能传承文明之火，知道要到哪里去，去开创更美好的明天。

徐　瑛

苏州科技城实验小学校校长

课程介绍

一、设计初衷：为什么要开发二十四节气课程？

二十四节气是中国古人认知太阳周年运动、辨识自然物候变化规律，进而安排农事生产生活的实践总结和知识体系，体现了中国人尊重自然时间、尊重生命节律的大自然观。从测日影、观星空、察物候、识天气、知农事等一系列节气活动中所承载的内容和展现的形式来看，二十四节气就是身边的博物科学。越早了解节气，越早接触自然，对孩子越有帮助。

但是，随着城镇化的加速、乡村景观的改变、虚拟技术的革新，人们对身边自然变化的感知变得迟钝，很多人患上了严重的自然缺失症。在一些城市校园，孩子沉迷于网络虚拟世界，却对身边的动物植物熟视无睹。他们的动手能力不强，没有坚持观察、记录的习惯，也不会运用对比、分析、统计、归纳的方法。培养孩子的科学素养和人文素养，两者本来是相辅相成的，但因为现行课程体系中缺乏行之有效的通识教育和全人教育，很多孩子出现了文理脱节、偏科严重的问题。以上种种现象提醒我们，这是一个呼唤回归的时代，也是一个仍然需要向大自然学习的时代。

节气的知识体系涉及天文、动植物、农学、工程、物理、数学、地理、文学、艺术等学科领域，至今仍对我们的生活有指导意义。在青少年中开展节气教育，不同于传统的单学科、重书本知识的教育方式，而是紧贴生活实际，鼓励孩子融合运用多学科知识动手实践、解决问题、发明创造，提升综合素质，它与近几年国内流行的STEAM教育理念不谋而合。但有别于照搬国外的STEAM课程，二十四节气完全根植于中国文化，天然具有中国的文化基因，更加有利于打通学校教育、家庭教育、社会教育和自然教育，因此，开发相关课程势在必行。我们相信，节气课程将成为中国孩子走进大自然的第一课、树立正确世界观的入门课、培养科学素养的兴趣课。

二、项目启动：践行生活教育，创设节气情境

苏州科技城实验小学校教育集团（以下简称"科小"）一直主张"好好生

活就是教育"，办有生活味的学校。生活本身是教育的一部分，生活带来教育的契机，而二十四节气就是有情有景有境的鲜活的生活。基于以上的认知，学校致力于国家课程校本化、校本课程生活化、地方课程特色化，在开齐开足国家课程的同时，启动了"生活中的二十四节气"校本课程开发项目，系统构建节气课程实施体系，让学生的节气体验真实落地。

节气课程实施需要有特定的情境，学校是公共教育的主要机构和阵地，蕴涵丰富的教育资源。为践行生活教育，科小配套建设了相应场所，为学生创设节气实践的空间。校内设有"节气体验馆——校园生活馆""节气种植场——行知农场""节气科学宫——智能温室"等特色场馆；校外实践方面，科小与苏州龙韵现代农业发展有限公司合作，成立了二十四节气实践基地，学生可在乡野田间坚持户外观察，体验农事劳作，交流学习经验，收获实践成果。校内外的节气环境铺设使节气课程真正做到了：看得见、摸得着。

三、开课原则：符合学情、教情，做到"三个跟上"

1.跟上大自然的脚步

二十四节气课程是真实情景下的课堂，课时安排应尽量与当地节气变化相对应，让课堂进度与自然节气更替的步调基本一致。因此，课程应完整覆盖一个学年，例如，可从每年9月的秋分或者3月的春分开始，安排第一堂节气课。当然，各地教情、校情、学情不同，可酌情选择开始的节气。建议一个节气主题课安排2课时，二十四节气全年48课时。此外，学校还可在暑假和寒假组织节气体验研学课。

节气课堂组织主要有两种形式：师生互动和学生互助。第1课时侧重师生互动、讲授、展示和问答；第2课时以学生自主探究为主，分小组完成任务，教师从旁辅助、点评和总结。有的课程需要课前若干天做好准备工作，或者课后持续观察记录，因此节气课的组织要有预判展开。

2.跟上现有课程的进度

节气课程既要对应小学现有课程标准和进度，又要突出节气本身的特点及"做中学"的特色，遵循自然规律，跟着节气步调，每个节气围绕一个主题展开。但每个节气可选的主题很多很杂，选择主题的过程本身就是对课程认识的一次深化。二十四节气成为世界非物质文化遗产的重要条件，即包含了太阳周年运动、季节更替物候变化、农事活动、节庆仪式等一系列事件的多年观测记录和实践经验，这奠定了课程主题选择的大方向。

研发团队在《中小学综合实践活动课程指导纲要》《义务教育小学科学课程标准》和《中国学生发展核心素养》的指导下，结合小学中高年级科学课、劳技课、综合实践课、社团兴趣课及特色校本课、乡土地理课等内容和组织形式，精选24个主题进行课程设计，涵盖了科学、技术、工程、艺术、数学等五大学科领域，初步构建起本土STEAM课程的实施框架。

3.跟上学生成长的节奏

学生情况因人而异，要让一门课程跟上每个学生的成长节奏是很难的。所以课程设计中既包括了课堂活动，也增加了课后拓展，这是为了照顾到不同学生的知识水平和兴趣点。例如，在"夏至"一课中，教师的教学目标是让孩子了解圭表、掌握测量正午日影长度的方法，课后拓展活动则是鼓励学生坚持测量一年的正午日影长度，发现其中的变化规律，并最终能够运用知识解决现实问题。再如雨水节气，不仅有制作雨量器的简易科学手工，也可以拓展到复杂的数学计算，让学生了解我国是世界上最早发明使用雨量器的国家，进而复原古代人收集雨水、计算降水量的方法和标准，能理解《数书九章》中天池盆测雨的数学原理，看懂太湖水则碑上的文字，如著名数学家吴文俊先生所倡导的那样，从中国古代数学传统中汲取养分。

四、实施路径：整合校内外资源，完善顶层设计

从2016年起，科小与中科院地理资源所、中科知成团队共同编写以苏州区域为特点的节气校本教材《生活中的二十四节气》。2017年，学校成功申报了立项课题《二十四节气融入小学课程的实践研究》，用课题推动节气课程研究和实践。节气课程被纳入课程体系，列入教学计划，从三年级开始全面实施，每双周上一次课。学生在教师的带领下了解节气知识，带着对节气的好奇与探究兴趣，课下自主阅读绘本《这就是二十四节气》，继续探索。除了课堂教学、自主阅读，学校定期邀请地理、气象、动植物等不同领域的专家做讲座，初步引领学生学会观察节气物候，拓宽知识面和眼界。

为了使校本课程"生活中的二十四节气"更加扎实落地，不断提升节气课程的实施水平，科小充分利用校内外资源，在专家引领下开展特色课程基地建

设，形成了节气课程的顶层设计，建构模型如下：

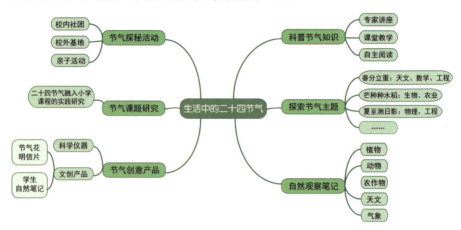

学校在综研、综劳、语文、科学、美术、班队等课程中融入节气知识，开展节气主题探索。每到节气活动时，无论是在学校的智能暖棚、行知农场、科学实验室，还是在校外实践基地，都会传来孩子们的节气歌声和欢声笑语，这是科小学生开始了愉快的节气探秘之旅。春分立蛋，芒种插秧，霜降收水稻……每个节气都是学生期待的节日。

节气老师带领学生以年为单位进行长期观察，鼓励学生记录自然的变化，培养学生养成基本的科学素养，以及持之以恒的求实精神。在校园里，甚至是上下学的路上，经常看到学生进行节气探究的身影，学生们主动观察身边环境的变化，图文并茂地记录下来。不仅坚持记录自然笔记，他们还自己设计节气文化衫，原创手绘节气花，将作品印制成节气明信片。这些充满童趣的文化创意作品走出国门，走向了世界，在第33届国际地理大会和2016年法兰克福书展上受到外国友人的青睐。

2018年，学校重新组建了专门的节气课程研发组，推动校本课程的二次重构与研发。由校长、副校长、教导主任牵头，中科院地理资源所、中科知成团队给予专家指导，12名"节气老师"组成教材编写和课程实施团队，每位老师负责两个节气的精准研究，认真打磨并探讨完成教案设计、实践活动、视频录制、科学实验等研究任务。就教学方式、教学过程而言，课程引入STEAM教育理念，采用项目式教学法，系统设计出每个节气的研究主题、实施方案。科小希望通过"打通语数外，盘活音体美"的节气博物通识课程，培养出更多的"节气使者"。

五、成果展示：走进节气校园，聆听师生心声

1.科小"节气校园文化建设"掠影

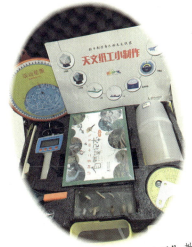

"二十四节气科学盒子"教具

教师使用《这就是二十四节气》
绘本及配套自然笔记本备课

"生活中的二十四节气"课程教师团队

节气生活馆

现代化智能温室"节气课堂"

户外"行知农场"种植观察

2.参与节气课程实践的部分师生感悟

春风识温度

教师　丁一慧

作为二十四节气之首，立春要教给孩子什么呢？我们是如何判定每个节气的到来呢？这是我本节课所思考的。由此问题出发，我确定了本节课的教学主题——带孩子们认识温度计，用有趣的实验、严谨的科学精神一起探索立春节气。

孩子们对于温度计不陌生，但是对于温度计的组成、原理、使用和读写是不甚了解的。我采用分组的方式，让孩子们通过观察、讨论、实验、试误等方法自主学习，教师从旁引导，帮助他们逐步深入认识温度计。学习过程中，冷热水的对比实验是孩子们最感兴趣的，他们把温度计放进冷水后发现液柱下降，再放入热水中又发现液柱上升，从而自己就得出了温度计是通过热胀冷缩的原理来测量温度的结论。这也使我认识到，让学生在活动、实践中学习，更能令他们记忆深刻。

雨水节气课感悟

教师　王文洁

很开心能和孩子们共上一堂雨水节气课。在课程实施过程中，学生的临场反馈、知识储备量总能让人惊讶，他们对节气知识如数家珍，知道的可真不少，真不能小看他们！

这节课设计了测量降水量的活动。我用喷壶模拟降水，让学生体验了一回收集雨水的乐趣。但是第一次尝试并不是很成功，由于各组的雨量器摆放得比较近，学生们都挤在了一起，而且我布置任务要求时不够严谨，导致最终的数据缺乏有效性。在后来的反思探讨中，我终于找到了好方法，那就是数秒。在降水前，学生随意选择一个雨量器站在后面排成一列，每增加一个学生降水时间就增加5秒，降水员则根据每组的实际秒数来进行降水。这样量化降水后得到的数据才能用于后续深入的比较分析，找出更多问题。除此以外，学生摆放雨量器的阵型也可以变化，不仅能横着排成一排，还可以围成一个圆，这样设计有效增加了活动的趣味性。

每上一次节气课就是一次磨练，更是一次收获。教与学是相通的，对我自己学科的教学也产生了积极影响。更重要的是，学生在这节课中的收获、惊讶、好奇都溢于言表，能用一节课的时间，带他们走近节气，了解降水量，亲近自然，很有意义。希望这能成为学生们难忘的一节课。

美丽的云图

教师　刘烨婷

之前从来没有接触过云图，说实话对二十四节气也知之甚少。但是在准备大暑节气课的过程中，尤其是在资料搜集时，我对于气象云图也渐渐有了一点了解，知道了图中的各种天气系统，能通过天气系统预测天气变化，甚至还能结合天气预报思考天气情况。除此之外，通过拍摄生活中的云图照片，我变得更加亲近自然，时不时会抬头看看天空。这可能就是研究性学习带来的生活变化。

课堂上，学生们绘制创意云图也是很享受的过程。他们无限的创意带给我无数的惊喜，火山、飞机、蔬菜……平时被具象思维禁锢的想象力，在绘画过程中一下子打开了，孩子们的想象力喷薄而出。

通过这样的课程我慢慢感受到，其实生活这本大书是非常有意思的，云卷云舒、花开花落，都带给我们很多惊喜。二十四节气也不仅仅是一门传统文化的课程，它包罗万象，让我们有了很多科学的思维和创新的解读，希望我和我的孩子们能够在学习二十四节气的过程中，不断去享受，不断去充实！

在于坚持，在于认真

六（1）班学生　齐香嫒

在节气课程中，我们经历了很多，学会了很多，也收获了很多。我们在大自然里探索，参与节气活动，品尝时令美食……在这些经历里，我们努力、坚持、深入研究，凭着满身的激情与执着的热爱，与节气更加亲密，更加熟悉。

令我最记忆犹新的是测日影，它需要整年的坚持与精确的数据记录。每天正午11点55到12点是测日影的最佳时间，我们总会准时站在太阳下测量、记录，深黑的影子与白色的粉笔印碰撞交织。这件事看上去很简单，一天接着一天坚持做，总会有厌烦的时候。不过我们依旧会追踪一道道笔直的影子，不管是烈日还是大风，地上一定会出现一道记录影长的白痕。若干天后，它可能被雨水冲走，木杆也会弯曲，但精确的数据永远留在我们的记录表格上，这是坚持的结果，虽然只是一个个数字，加起来却是一年的太阳轨迹，是我们的成果。

不管是测日影，记录观察笔记，还是观察农作物生长，一切都需要坚持，这样才能读懂大自然的语言。

奇妙的节气课

四（4）班学生　张欣然

上了二十四节气课后，我有三点感触。

首先，二十四节气作用很大。它可以让我们分清现在处于什么时节，可以更好地让我们注意冷暖变化，及时增减衣物。第二，大自然是教给我们知识最多的老师，她教会我们各种生物的名称和习性、四季万物的变化等。大自然也是唯一能够让我们身临其境的老师，而二十四节气是我们身边时刻提醒我们留心身边事物的小贴士！最后，节气课的老师们上课都很有意思，会带我们做实验、测日影、给大树涂上白漆，制出雾和霾并发现它们的区别，等等。这些有趣的课让我们体会到二十四节气的重要性，并且实现了我们的小心愿——在玩中学，在学中玩！

以上三点便是我上了这么多节气课最明显的感受！虽然节气课不像主课那么多，但我认为在烦躁、生气或是开心的时候上节气课，也是一种奇妙的、修身养性的好方法！

六、未来展望：因时、因地、因材施教，让节气教育走进更多校园

近四年过去了，在大家的共同努力下，节气课程已日渐丰满，受益的学生逐年增多。很多学习了节气课程和体验过节气活动的孩子反馈，因为一门课程，从此改变了他们对周围环境的态度，他们学会了善待生命，尊重自然，给天地写诗、为万物立传。

与此同时，苏州科技城实验小学校校本课程指导用书《二十四节气课程开发与实施》由海豚出版社正式出版，与广大读者见面了。衷心希望这部教材的出版，能够进一步激发提升教师对节气课程的认知水平和设计实施能力，同时为全国各地中小学、社会团体、教育机构开展节气教育提供参考借鉴。

使用本教材时，教师要有通识教育和博物理念，要有人与自然是生命共同体的观点，要有引导孩子将来可以参与建设人类命运共同体的意识，要有综合思维，同时又能做到在地关怀，明白节气的区域差异化、人地关系的地域性、学生自然观的个性化知识背景，做到因时、因地、因材施教。教师应把握人才未来发展方向，给孩子从小打下坚实的自然和人文基础，培养基本的科学素养和思维能力，如长期定时定点关注物候变化，善于记录统计分析，勤于思索敢于质疑，能适时表达陈述，甚至辩论反思。在传承中国传统科学文化的同时，还要发展创新，与时俱进，用中国式的表达传播中国智慧，树立中国人的文化自信。

当"人人都是节气的观察者、聆听者、记录者和传承者"的思想被接纳后，当"处处是教室、时时有教材、人人是教师"的理念被越来越多的学校接受后，节气教育必将走进更多校园。二十四节气是一所没有围墙的自然学院，在大自然面前，我们都是学生；在阳光照耀下，我们彼此都是同桌。

目 录

立春

立春到，春天就来了吗

　　立春，是二十四节气中的第一个节气，也是中国的传统节日，代表新一年的开始，正所谓"一年之计在于春"。

课程设计

 设 计 意 图

随着立春节气的到来，温度回升，万物复苏，东风解冻，蛰虫始振，鱼陟负冰。那么是不是立春到，春天就来了呢？温度和节气之间到底有什么联系？蕴含着哪些秘密呢？这是值得我们探究的。围绕这个核心问题，引导学生通过自主观察、实践了解，认识温度计，会使用温度计，激发学生思考，探索日常生活中蕴含的科学秘密。

课程领域	适用年级	建议课时
气象	3~6年级	2课时

 教 学 目 标

知识目标

1.了解立春节气的基本知识。

2.了解温度计的基本科学知识，知道温度与节气的关系。

能力目标

1.学会观察，通过实验探究温度计的原理。

2.在实践中学会使用、读写温度计的示数，能够用温度计测出一天的平均气温。

情感目标

1.在一段时间内坚持测量与统计，并对科学数据进行记录与分析。体会长期测量和记录天气数据的重要性。

2.引导学生在实践中多问"为什么"和"怎么办"，培养良好的科学思维习惯。

3.知道全球变暖对于生态环境的影响，树立环保意识。

教 学 准 备

知识准备： 节气相关知识、温度计相关知识

教学材料： 液体温度计、气温计、体温计、温度变化记录图、冰水、热水、量杯

教学设备： 电脑、投影仪

 ### 教 学 建 议

教学重点

1.了解温度计的原理。

2.学会读写温度计的示数。

教学难点

1.通过热胀冷缩的科学实验让学生在实践中探索发现温度计的测温原理以及使用温度计过程中所要注意的事项。

2.让学生通过多种方式读取温度计温度，在对比探索中掌握温度真正的读写方式。

3

教学过程

第一部分　准备阶段

🌡 主 题 导 入

教师向学生展示立春节气的相关图片，简单介绍该节气的基本知识，为之后深入学习立春节气做铺垫。

🌡 视 频 导 入

播放中国天气频道视频《二十四节气之立春》，让学生说一说他们还知道哪些关于立春的知识。

> ### 节 气 阅 读
>
> 　　立春，又叫"打春"，时间点在2月3~5日之间。"立"是开始的意思，立春就是春天的开始。从这一天直到立夏，都被称为春天。古人认为一个节气长15天，他们又把这15天划分为三候，每候5天，立春也有三候，并且这三候还有三个有趣的现象呢，想知道吗？
>
> 　　请仔细阅读海豚出版社绘本《这就是二十四节气·春》中立春节气三候的相关内容，并结合自己的经验说一说，立春到了，你还观察到了哪些有趣的现象。

 **趣味活动**

1.迎春花语

教师以问答、绘画等活动带领学生认识立春节气花——迎春花。

师： 有一种花，开得最早，它的名字就是在欢迎春天的到来，你们知道吗？没错，它就是迎春花。（介绍相关知识。）让我们拿起画笔把这美丽的迎春花画下来吧。

2.立春古诗

教师带领学生诵读描写立春节气的古诗，从文化层面学习节气知识。

师： 你们知道哪些古诗是描写立春的景色吗？今天老师就给大家带来一首古诗《京中正月七日立春》，我们一起读一读。

3.立春故事

教师讲述立春故事，从农耕习俗角度介绍节气知识。

师： 都说"一年之计在于春"，春天是播种的季节，关于立春，还有一个美丽的节气故事呢，听！（学生讲《鞭春牛》。）故事听完了，你们知道古人为什么要"鞭春牛"了吗？是希望这一年能有一个好的收成，多么美好的愿望啊！

4.立春习俗

教师向学生介绍立春习俗，播放相关视频，从民俗角度讲解立春。

师： 立春不仅是一个节气，也是一个重大的节日，因为立春就在春节的前后。除了"鞭春牛"，你们知道立春还有哪些习俗吗？（展示图片，介绍吃春饼、嚼萝卜、食春卷等。）让我们来看一看春卷是怎样包的吧！（播放包春卷视频。）

小 结:

准备阶段通过节气阅读、趣味活动等引导学生从自然、文化、民俗等多维度了解立春的知识,让学生对立春这个节气充满兴趣,同时也激发学生思考,节气和温度之间到底存在什么联系,我们如何发现温度的变化,从而为下一节课指导学生认识、使用温度计,懂得保护地球环境做好铺垫。

第二部分　项目实施阶段

任务一:了解温度计的种类和组成

建议用时:14分钟

教学用具:体温计、实验室用温度计、家用寒暑表

活动流程:教师介绍温度计起源、不同种类的温度计及常用温度计的作用,使学生对温度计的组成有一定认识。

师:温度计最早是由意大利科学家伽利略发明的,后来物理学家华伦海特发明了水银温度计,使得温度的测量更准确,温度计的发明使得我们的科学实验有了最基础的数据,让更多实验更加科学化,是非常有意义的。

(PPT出示图片。)

师:你们知道常见的温度计有哪些吗?它们都有什么作用?

(学生轮流发言,教师总结。)

师:我们最常用的温度计有三种:医用温度计,即体温计,用于测量体温;实验室用温度计,用于在实验中测量温度;家用温度计,也叫寒暑表,用于测量室温。这三类温度计的量程(测量范围)不同。

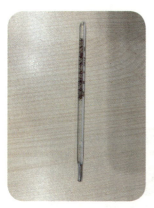
体温计

实验室用温度计

寒暑表

（小贴士：体温计的量程是35℃～42℃，人体正常温度在36℃～37℃之间；实验室用温度计的量程是-20℃～110℃；寒暑表的量程是-30℃～50℃，这也是大气温度的正常范围。）

师：请大家观察一下，温度计是由哪些部分组成的？

（学生观察讨论得出：温度计主要由玻璃管、玻璃泡、刻度三部分组成。）

师：温度计是玻璃制品，里面的水银等液体对人体有害，一定要轻拿轻放，如果温度计破裂，一定要及时报告。

📋 任务二：了解温度计的原理

建议用时：10分钟

教学用具：实验室用温度计、冰水、热水

活动流程：通过实验，让学生在观察和体验中主动思考，理解温度计的原理，掌握使用温度计的一定方法。

师：每个人拿温度计的方法不一样，怎样拿是正确的呢？回答这个问题前，让我们先来做个小实验。桌上有一杯冰水和一杯热水，请小组长把温度计先放进热水里，组员仔细观察，你们发现了什么？

（生：玻璃管内液柱不断上升，等一段时间后稳定下来不再变化。）

师：仔细观察同一杯水中两支温度计的液柱，高度一样吗？为什么？

（生：不一样，其中一支温度计的玻璃泡完全浸入水中，另一支的玻璃泡没完全浸入。）

师：请小组长把温度计再放进冰水里，你又发现了什么？

（生：温度升高，液柱上升；温度下降，液柱也下降。）

测热水温度　　　　　　　　　　　　测冰水温度

师：温度计正是利用这一原理来测量温度的，我们称之为热胀冷缩。所以我们在使用温度计测量液体温度时要注意什么呢？

（学生分小组讨论，得出结论：手不要碰到玻璃泡，还要将玻璃泡浸没在液体中，不靠碰杯底和杯壁。手接触玻璃管也会影响温度的测定，可以在温度计上方的小洞里系一根绳子，减少体温对数据的影响。）

任务三：学会使用温度计

建议用时：12分钟

教学用具：实验室用温度计

活动流程：组织学生通过观察和自主学习讨论，知道温度计示数的正确读写方法。

师：四人为一小组观察温度计，想一想温度计是怎样读数的？

（生：温度计上每一小格的刻度表示1℃。）

师：温度计上的"℃"是温度的单位，我们读作"摄氏度"，写作"℃"。其实温度的单位还有一种叫"华氏度"，但我们通常用的还是"摄氏度"。如果液柱在0以上，我们可以读作"_____摄氏度"，写作"_____℃"，如果液柱在0以下，读作"零下_____摄氏度"，写作"-_____℃"。

学生分小组观察温度计读数

师：请几位同学上前，大家说一说，谁观察的姿势是正确的，正确方法是什么呢？

学生演示读取温度计示数方法

（生：看温度计时既不能仰视，也不能俯视，视线要与温度计液面持平，而且要等一会儿，等温度不再变化时再读。）

师：让我们在纸上记录现在的温度吧！

📋 任务四：温度辨春风

建议用时：4分钟

活动流程：通过展示数据、图表等让学生思考温度与季节的关系，认识到全球变暖对环境的影响，树立保护环境意识。

师：温度和季节之间到底有什么关系呢？气象学上，我们称气温达到10℃~22℃为春天。这里的气温是指连续五天，每一天的平均气温都超过10℃。此时，我们就把这五天中第一天作为春天的第一天。

师：你知道一天的平均气温是怎么计算出来的吗？我们先来看一看。（出示苏州气象局的计算方法。）

时间	2：00	8：00	14：00	20：00	平均
气温	4℃	7℃	12℃	5℃	7℃

苏州某日平均气温

（生：把一天中2时、8时、14时和20时4个时刻的气温加起来除以4，就是日平均气温。）

师：这是苏州市近几年不同节气的平均气温，大家发现了什么？没错，气象意义上的春天其实是从惊蛰开始算的，我们之所以把立春作为春天开始的标志，是因为在这一天太阳达到了黄经315°。

师：这是世界近百年的气温变化的数据，你又发现了什么？

师：人类在发展的同时没有保护好环境，导致全球气候变暖，气温上升，长此以往对我们的生存环境是非常不利的，所以我们要保护环境。课后让我们一起测量立春前后的气温吧，并做好记录，告诉身边的人，要保护环境，爱护地球。

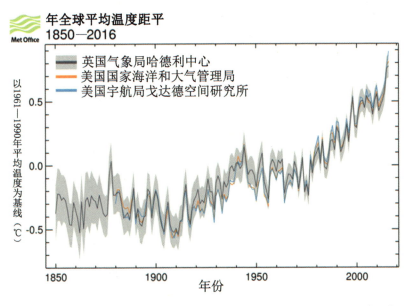

1850—2016年全球平均温度距平（来源：《WMO 2018年全球气候状况声明》）

总结与评价：

  在全部任务完成后带领学生回顾本节课所学内容，梳理要点，之后组织学生以小组为单位评价个人在实践活动中的表现，评价内容可包括：是否掌握温度计使用方法，是否善于发现问题，是否积极解决问题等。

主题拓展

课后测量并记录立春前后 10 天气温。

了解环保对于全球气候变化的意义，开展"地球环保小卫士"活动。

附录

知识链接

1. 迎春花

迎春花喜欢光亮，耐寒、耐旱，对土壤要求不高，枝条落地就能生根，有极强的生命力。百花之中它开花最早，开花后便是百花齐放的春天，所以得名迎春花。迎春花还与梅花、水仙和山茶花并称为"雪中四友"。它首先发现栽种于我国长江流域一带的庭园中，有1000余年的栽培历史，历来为人们所喜爱。难怪诗人赞叹道"二月迎春花盛柳，清香满串荡悠悠"。

迎春花不仅好看，还很有用呢。据《本草纲目》记载，迎春花性平，味苦涩，有解热利尿、消肿止痛、活血散毒等功效，可用于治疗跌打损伤、创伤出血、发热头痛等。

2. 立春节气古诗

京中正月七日立春

（唐）罗隐

一二三四五六七，万木生芽是今日。

远天归雁拂云飞，近水游鱼迸冰出。

3. 鞭春牛

新一年的耕种开始前，有个迎春的仪式，叫"鞭春牛"。关于这个习俗的由来，有个有趣的故事。相传古时少昊（hào）氏之子句（gōu）芒，在立春这天率百姓翻土犁田，开始春耕播种，可是帮人犁地的老牛却躲在牛栏内睡觉，不听指挥。情急之下，句芒想了个办法：用泥土塑成一头伏在地上睡觉的牛，叫人们用鞭子抽打土牛。鞭声呼呼作响，惊醒了老牛，看到偷懒睡觉的"同伴"正在挨打，吓得它急急站起身来，乖乖听指挥，跑到田里干活去了。由于按时耕作，当年获得了大丰收。从此以后，"鞭春牛"便成了立春日的仪式，象征一年春耕的开始，人们借此希望老牛多出力、多耕田，一年能有个好收成。

现在，城里已很少举行鞭春牛活动，部分农村地区仍保留这一风俗。立春日，通常村里会推选一位老者，用鞭子象征性地鞭打三下用泥土制成的春牛，象征着一年的农事开始。然后村民们将泥牛打烂，分土带回家，洒在各自的农田里，以求当年能有好收成。有些地方还会在泥牛的肚子里塞上五谷，当泥牛被打破时，五谷便倾泻而出。大家捡拾谷粒放回自家的谷仓中，讨一个仓满粮足的好兆头。

立春后10日气温记录表

记录人：　　　　　　　　　　地点：

日　期	气　温		
	最　高	最　低	平均气温

我的发现：

我的结论：

学生使用温度计测量水温

14

雨 水

雨水，是二十四节气之中的第二个节气，通常在每年正月十五前后，是反映降水现象的节气。民间有"雨水落雨三大碗，小河大河都要满"的说法。

课程设计

 设 计 意 图

随着雨水节气的到来，寒彻入骨的天气开始逐渐消失，气温开始回升，雨水渐增，大自然在雨水的滋润下，开始展现勃勃生机。"春雨贵如油"，降水量的多少，直接影响农作物的生长。那怎么去衡量一场降雨的多少呢？围绕这个核心问题，引导学生自制雨量器，让学生意识到借助仪器测量比用感官判断更准确。同时在互动中，激发学生思考，如何通过设计制作简单仪器用科学的方法解决生活中遇到的问题。

课程领域	适用年级	建议课时
数学、工程、气象	3~6年级	2~3课时

 教 学 目 标

知识目标

1.了解雨水节气的基本知识。

2.掌握降雨和降雨量、降雨强度等基本概念和划分标准。

能力目标

1.学会观察，以摄影、绘画或做自然笔记的方式，记录雨水节气十五天里大自然的变化，包括节气花、动物和农作物的生长变化。

2.理解降雨量的概念，会区分降雨强度，能看懂降水量预报，知道如何划分降雨等级。

3.探究雨量器的结构原理和使用方法，能选择合适的材料设计出简易雨量器。

4.通过活动了解使用简单气象观测仪器有助于定量测量和描述天气变化。

情感目标

1.在一段时间内坚持测量并记录所在地区的降水情况，体会持之以恒在研究学习中的重要性。

2.通过小组合作的方式设计并制作简易雨量器，提高学生的动手能力及团队合作精神，形成相互交流、相互促进的学习氛围。

教学准备

知识准备：知道现在所处节气和该节气的特点

教学材料：教师准备：PPT课件、《二十四节气歌之雨水》、节气视频、喷壶

学生每组准备：空塑料瓶、剪刀、白纸、水笔、刻度尺、双面胶、透明胶带、抹布、装水的水槽、烧杯、滴管

教学设备：电脑、投影仪

教学建议

教学重点

学会制作简易雨量器。

教学难点

用自制简易雨量器正确测量降水量。

教学过程

第一部分　准备阶段

主题导入

教师播放歌曲《二十四节气歌之雨水》(作词/于金龙，作曲/宋毅) 作为引入，增加学生对雨水节气的认识，激发学生进一步研究雨水节气活动的兴趣。

诗词导入

带学生诵读杜甫的《春夜喜雨》，用朗朗上口的诗词，让学生感受雨水节气的特点，帮助他们研究雨水节气，对降雨形成初步认识。

节气阅读

2月18~20日，太阳来到了黄经330°。淅沥淅沥，滴答滴答，听，是雨水的脚步声。古人说："东风解冻，冰雪皆散而为水，化而为雨，故名雨水。"这就是雨水名字的由来。雨水是二十四节气当中的第二个节气，通常临近传统节日元宵节。你知道雨水节气里藏着哪些秘密吗？雨水节气会有哪些典型的物候特征和活动？

请仔细阅读海豚出版社绘本《这就是二十四节气·春》中雨水节气的内容，在书中寻找答案，同时思考：降雨在生产生活中的重要性以及可能带来的危害。

趣味问答

1.选择题：根据学生平时积累的经验，结合图片、文字，解决问题，从而巩固雨水节气知识。

2.开放性问答题：教师提出问题，引导学生从察觉学校周围环境物候变化开始，探究本地区节气三候的现象，结合实际生活讨论雨水节气降雨的变化，为下一阶段学习做铺垫。举例如下：

第一题：雨水节气，你在户外看到了哪些常见的花？它们有什么特征和变化？（让学生讲述看到大自然有哪些变化，说出自己的观察与理解，教师点评补充。）

第二题：雨水节气，大雁正在成群结队地朝北飞，你最近还看到了什么动物？

第三题：雨水节气的到来预示着降水的增多，请你联系最近一段时间降水变化情况，思考为什么出现这种现象。（让学生说出自己的想法，教师点评补充。）

第四题："好雨知时节，当春乃发生"（成都）、"天街小雨润如酥，草色遥看近却无"（长安）、"小楼一夜听春雨，深巷明朝卖杏花"（临安），这些脍炙人口的古诗分别描写了哪里的天气？你能猜出分别是什么级别的降雨吗？想一想，春雨为何绵绵？

小结：

准备阶段，教师可通过诗词导入、节气阅读、趣味问答等形式多样的活动引导学生走近雨水节气，形成初步认识，掌握相关知识，使学生认识到降雨在生活中必不可少，但过量的降雨又容易引起灾害。该怎样科学测量降雨量？教师需要在本节课程最后提出这一问题，让学生课后带着这个问题进行思考。

第二部分　项目实施阶段

📋 任务一：认识雨量器

建议用时：7分钟

活动流程：介绍雨水节气降雨的成因，引入测量降水量的仪器——雨量器，为后续制作雨量器做铺垫。

师：你知道雨是从哪里来的吗？

（PPT出示图片，介绍雨水形成过程。）

师：科学家根据雨量，将降雨分成了7个等级。你们知道这7个等级都是什么吗？科学家们又是以什么标准来划分的呢？

（小贴士：降雨分为微量降雨/零星小雨、小雨、中雨、大雨、暴雨、大暴雨、特大暴雨7个等级，按24小时、12小时两个时间段进行划分。具体可参考《GB/T 28592—2012降水量等级》。）

师：气象部门把下雨下雪等现象都叫作降水，降水的多少叫降水量，测量降水量的仪器叫作雨量器。

（PPT出示雨量器的图片，做简单介绍。）

师：中国是世界上最早使用雨量器的国家呢！

（小贴士：早在南宋时期各地方政府就用"天池盆"来测量降水量了，这也是世界上最早的雨量器。）

📋 任务二：制作雨量器

建议用时：25分钟

教学用具：空塑料瓶、剪刀、白纸、笔、刻度尺、双面胶、透明胶带、抹布、装水的水槽、烧杯、滴管

活动流程：带领学生边思考边制作简易雨量器，在实践中了解雨量器。

师：你们想不想做一个雨量器？下面我们就来动手做一做。

教学用具

制作步骤：

1.去掉空塑料瓶外包装，用双面胶在瓶身中部偏上处缠绕一圈（尽量保持水平）。

2.沿双面胶下缘将塑料瓶平整地剪开。

3.将剪下的部分倒扣在瓶身上（不要太紧）。

4.用水笔和刻度尺在白纸上画一个长度适宜的刻度条，剪下后贴在瓶身合适位置。

5.调整刻度纸的位置，在外面用透明胶带裹一层。

6.将水倒入瓶身至0刻度线处，注意液面与刻度平齐。

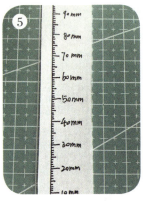

简易雨量器制作步骤

注意事项：教师在制作过程中可随时向学生提出问题，如：为何将剪下的部分倒扣？刻度纸贴在什么位置比较合适？引导学生通过思考、讨论对雨量器的构造形成更深入透彻的认识。

任务三：测一测降雨量

建议用时：15分钟

教学用具：制作好的雨量器、装满水的喷壶、秒表

活动流程：模拟降雨，掌握正确使用雨量器的方法。

师：雨量器已经做好了，能去外面测量降雨量啦！

（向学生说明降雨规则，在室外模拟降雨。）

学生在室外模拟降雨

具体规则：

1.将雨量器带到室外，在地上排成一排。

2.选一名学生做降雨员，用喷壶模拟降雨。

3.每组选出一名计时员，用秒表记录并监督本组的降雨时间。

4.其余学生扮演乌云，随机站在雨量器的后面。每多一朵"乌云"，降雨时间就增加5秒。

5.模拟完成后将雨量器带回教室，注意不使雨量器内的"降水"溢出。

师： 请大家读出液面高度，将结果记录到纸上。

（学生交流自己所测的降雨量和对应的强度，教师将数据整理汇总展示。）

室外模拟降雨活动数据记录表

组　　号	1	2	3	4	5	6
降雨量（mm）						
降雨强度						

师： 有的小组有同样多的"乌云"，为什么雨量器测出来的结果却不一样？什么原因会导致偏差？

（小贴士：全国各地气象局的雨量器必须要做到统一标准。气象局的标准雨量筒，高70cm，集雨斗直径20cm，并且都要摆放在空旷开阔，没有遮挡物的地方。还要将收集到的累计24小时的降雨从内桶中倒出，倒在一个直径4厘米的量筒内，读出液面高度即为降水量。）

📋 任务四：历史降雨知多少

建议用时： 7分钟

活动流程： 利用PPT呈现往年的几次降雨，引导学生体会及时观察记录降水量的意义，了解我国降水量的分布。

师： 气象局会定时定点测量记录降水量，让我们一起来回顾一下苏州以及其他城市历史上的几次降雨。

（出示 PPT。）

师： 江苏响水在 2000 年 8 月 30 日发生了一场特大暴雨，24 小时内就有 801.6 毫米的降水，接近于 1 米的高度，你觉得普通的雨量器能一次性装下这么多水吗？那怎么办呢？

（教师介绍翻斗式雨量器，指出上面有电子仪器可以记录翻转斗的次数，就能推算出降雨量。）

师： 如果测自然降水量，我们在操作中需要注意些什么？

（学生分组讨论，教师补充，最后得出结论，如：雨量器应放在相对开阔、不受障碍物影响的地方，并保持水平；应准确记录降水的开始时间，等等。）

师： 如果让你对雨量器进行改进的话，你会怎样改？

（学生畅所欲言，教师做点评、补充。）

任务五：春雨为何贵如油

建议用时： 5 分钟

活动流程： 学生交流总结自己在实践后的思考，体悟春雨的珍贵。

师： 大地氤氲天生水，淅沥滋润贵如油。为什么说春雨贵如油呢？

（学生思考、讨论春雨的作用。）

师： 春天正是农作物萌发生长的时节，春雨从天而降，滋润万物，为大地创造了生机，给人们带来了希望。所以春雨是多么的珍贵呀！

总结与评价：

在项目实施阶段任务全部完成后，教师做课堂总结，指导学生回顾实践过程，梳理雨水节气和降雨等课程知识点，反思在活动中出现的问题，提出改进的方法；在课程结束前可组织学生以小组为单位在组内进行互评，评价内容可包括实践活动完成情况、知识掌握程度、团队合作、探究精神等。

主题拓展

课后自制一个改良后的雨量器。

测量并记录一个月内每次的降水量。

附录

知识链接

1.天池测雨

南宋数学家秦九韶详细描述了"天池测雨"的方法，即用天池盆收集雨水，通过计算获得准确的地面降水量。在他的著作《数书九章》中有如下记载："问今州郡都有天池盆，以测雨水。但知以盆中之水为得雨之数，不知器形不同，则受雨多少亦异，未可以所测，便为平地得雨之数。假令盆口径二尺八寸，底径一尺二寸，深一尺八寸，接雨水深九寸，欲求平地雨降几何？"答案是："平地雨降三寸。"因此，"天池盆"被认为是世界文化史上有记录的最早出现的雨量器。

2.雨量器

人工观测降雨量采用雨量器进行观测，它由雨量筒和雨量杯组成。常见的雨量筒外壳是金属圆筒，分上下两节，上节为口径为20厘米的盛水漏斗，为防止雨水溅失，筒口采用坚硬铜质做成内直外斜的刀刃状，下节筒内放置储水瓶用来收集雨水。下雨后，到了规定的时次，将储水瓶中的水倒入雨量杯中，观测员根据杯上的刻度读取水位最低位线便可得知这一时段的降雨量为多少。降雪季节时将储水瓶取出，换上不带漏斗的筒口，雪花可直接收集在雨量筒内，待雪融化后再读数。如今，随着自动气象站的普及利用，这种老式雨量器逐渐被自动站代替。

（来源：《中国气象报》2019年1月18日四版）

25

3.降雨量等级划分

降水量是指某一时段内，从天空降落到地面上的液态（降雨）或固态（降雪）（经融化后）降水，未经蒸发、渗透、流失在水平面上积聚的深度。降水量按24小时、12小时两个时间段进行划分。

降雨分为微量降雨（零星小雨）、小雨、中雨、大雨、暴雨、大暴雨、特大暴雨7个等级，具体划分见下表。

不同时段的降雨量等级划分表

单位为毫米

等　　级	时段降雨量	
	12h 降雨量	24h 降雨量
微量降雨（零星小雨）	< 0.1	< 0.1
小雨	0.1~4.9	0.1~9.9
中雨	5.0~14.9	10.0~24.9
大雨	15.0~29.9	25.0~49.9
暴雨	30.0~69.9	50.0~99.9
大暴雨	70.0~139.9	100.0~249.9
特大暴雨	≥ 140.0	≥ 250.0

（来源：《GB/T 28592—2012降水量等级》）

持续观察记录表格

测一测

日期	—降雨量	—强度	—符号

| 日期 | 　—降雨量 | 　—强度 | 　—符号 |

日期	一降雨量	一强度	一符号
日期	一降雨量	一强度	一符号

日期	一降雨量	一强度	一符号
日期	一降雨量	一强度	一符号

参考板书

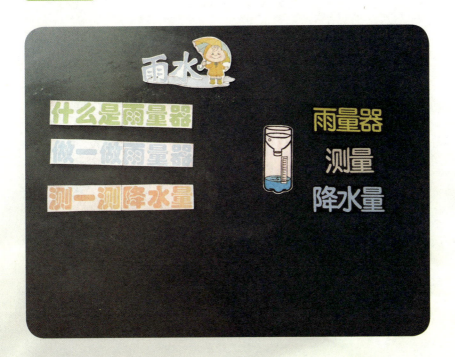

完成雨量器制作

收集降雨

惊 蛰

制作水果电池

　　惊蛰是二十四节气中的第三个节气，时间点在3月5～6日之间，是反映自然物候现象的节气。民间有"惊蛰节到闻雷声，震醒蛰伏越冬虫"的说法。

课程设计

 **设 计 意 图**

所谓惊蛰，"惊"即惊动，"蛰"即藏。"雷声起"是惊蛰节气的典型特征，平地一声雷，唤醒在严冬蛰伏地底的动物，万物复苏，大地上呈现出一片生机勃勃的景象。

雷电是自然界中的一种放电现象，电不止存在于大自然中，生活中处处都是电。我们每天使用的电灯、电脑、电视都是利用了电，像手机、照相机这样的便携电子设备，需要电池持续供电。电池的种类有很多：干电池、铅蓄电池、锂电池，等等。除了这些常见的电池，我们还可以利用一些水果来制作水果电池。通过发现身边常见事物的不同作用，激发学生对周围事物的好奇心和想象力，养成善于思考的好习惯。

课 程 领 域	适 用 年 级	建 议 课 时
工程、电力	3~6年级	2课时

 **教 学 目 标**

知识目标

1.了解惊蛰节气的基本知识。
2.了解水果电池的原理。

能力目标

1.能用多种方式记录自然笔记，知道惊蛰节气十五天里大自然的变化，包括节气花、动物和农作物的生长变化。

2.通过观察、讨论，学会制作简易的水果电池。

3.通过对水果电池的探究，培养观察能力。

情感目标

1.通过对水果电池的探究，增加对身边事物的好奇心与想象力。

2.在实验过程中形成合作意识。

教 学 准 备

知识准备： 惊蛰节气、电学、化学的基本知识

教学材料： PPT课件，柠檬，电材料（导线、锌棒、铜棒、发光二极管），苹果，橙子，梨，果汁

教学设备： 电脑、实物投影仪

 教 学 建 议

教学重点

学会制作水果电池。

教学难点

理解并掌握水果电池原理。

教学过程

第一部分　准备阶段

 主题导入

教师可向学生展示春雷、动物苏醒、植物萌发的图片和陶渊明的《仲春遘时雨》等惊蛰相关内容，询问学生图片展示了什么内容、诗中描绘了什么现象、是什么节气等，激发学生的认知冲突，培养学生对惊蛰节气的兴趣。

视频导入

观看历年惊蛰节气日当天的《天气预报》以及小蝌蚪变化过程视频，带领学生初步了解惊蛰节气的天气以及动植物情况。

节气阅读

惊蛰，时间点在 3 月 5~6 日之间。所谓惊蛰，"惊"即惊醒，"蛰"即藏，"惊蛰"就是春雷的响声把藏起来冬眠的动物惊醒，是反映物候现象的节气。惊蛰是二十四节气中的第三个节气，通常会遇上传统节日"二月二"，人们认为这天是主管云雨的龙抬头的日子。惊蛰节气有什么典型的自然现象吗？

请仔细阅读海豚出版社绘本《这就是二十四节气·春》中惊蛰节气的内容，并结合自己的观察说一说所在的地方惊蛰节气的典型物候特征和民俗活动。

趣味问答

1.选择题：根据绘本和视频内容提问，或结合本地实际情况提问，帮助学生巩固惊蛰节气知识。举例略。

2.开放性问答题：教师通过提问启发、引导学生关注惊蛰节气前后身边环境的物候变化，并尝试用自己的语言完整表述出来，同时结合其他学科知识及积累探索节气的文化内涵，激发学生学习节气的热情与传承节气的使命感。举例如下：

第一题：惊蛰节气，你在户外看到哪些动物？它们都有什么活动？（让学生说出自己的想法，教师点评补充。）

第二题：惊蛰节气，春雷乍现，春雷都有哪些作用？（学生回答可能有对有错，教师应以鼓励为主，最后讲解、总结。）

第三题：你还知道哪些描写惊蛰节气的诗作？（教师可以出示韦应物的《观田家》、白居易的《闻雷》等。）

小结：

通过对惊蛰定义的讲解，让学生了解节气相关知识，再讲解惊蛰节气时物候发生的变化，说明惊蛰起雷电雨水增多，由此引入雷电这一话题，为下一阶段课程做铺垫。接下来在课程任务探究阶段，讲解雷电的作用及电的发现，引导学生制作水果电池。

第二部分 项目实施阶段

任务一：雷电的作用

建议用时：5分钟

活动流程：借助PPT引导学生了解雷电的作用。

师：上节课我们学习了惊蛰节气的知识，知道了"惊蛰至，雷声起"，雷电是一种自然现象。你们看到雷电也许会有些害怕，但是你们知道吗？雷电有很多作用哦。

（学生思考。）

师：雷电可以制造氮肥；能促进植物的生长；会制造负氧离子，有利于人类的身体健康；雷电还是一种无污染的能源，遗憾的是，人类目前还无法对它加以利用。

（PPT出示图片。）

师：雷电其实是大气中一种剧烈的放电现象，那你们知道电是怎样发现的吗？

（学生讨论。）

任务二：电的发现

建议用时：5分钟

活动流程：通过讲述科学史，引导学生理解雷电是一种电。

师：人们最早发现的电是静电，塑料棒与毛皮摩擦就会产生静电，同学们在生活中有没有感受过静电的存在？

（学生交流生活中的静电现象。）

师：这样的静电可以被储存在一个带有金属球的玻璃瓶中，又叫莱顿瓶，手在接触了储存静电的金属球后会觉得麻麻的，这是静电又通过身体释放出来。

（学生听讲。）

师：美国科学家富兰克林利用莱顿瓶进行了实验，他在观察中发现释放出的静电就像大自然中的闪电。1750年，富兰克林第一个提出用实验来证明天空中的闪电就是电。1752年，法国科学家将他的实验设想付诸实践：在郊外竖起一根金属杆，等到雷暴来临时，用一根插了铜丝的玻璃棒碰触金属杆，结果冒出了火花，证明金属杆带了电，从而验证了富兰克林的设想。

（学生听讲。）

师：随着科学的进步，人类逐渐掌握了制造、利用电的方法，如今，发电方式多种多样，你们都知道哪些？

（学生讨论汇报：火力发电、水力发电、风力发电、太阳能发电等。）

师：你们相信柠檬也能发电吗？下面我们就来探究一下吧！

📋 任务三：制作水果电池

建议用时：20分钟

教学用具：电材料（导线、锌棒、铜棒、发光二极管），柠檬，苹果，橙子，梨，果汁

活动流程：学生根据已有电学知识自主探究水果电池的制作方法，教师再对其中存在问题进行解决。

师：大家根据老师提供的材料，讨论并设计一下柠檬电池的电路吧！之后老师会请同学上来展示。

（让学生有自己思考的过程，最后请学生进行展示。）

师：根据展示结果，我们可以发现，绝大多数同学设计的电路都是将铜棒和锌棒插在水果上，并通过导线连接发光二极管。大家都设计得很好。要注意，铜棒是正极，和发光二极管的正接线柱相连；锌棒是负极，和二极管的负接线柱相连。

（小贴士：电流从发光二极管长连接点流入，短连接点流出，即发光二极管的长脚是正极，短脚是负极。）

（学生听讲，并对自己设计的电路进行修改。）

师：下面大家动手连接一下电路，看看二极管能否发光吧！

（学生动手实践，有些成功了，有些失败了。）

师：明明电路是正确的，为什么有些同学的二极管没有亮呢？大家觉得是什么原因？

（学生畅所欲言，提出可能的原因：线路接触不良；二极管接反了；柠檬数量不够，等等。教师在学生发言完毕后做总结。）

师：大家根据刚才讨论出的原因对柠檬电池进行调整。看一看，这次能否成功。

（学生对柠檬电池各部分进行调试，二极管全部成功发光。）

柠檬电池

师：柠檬可以使二极管发光，那其他水果可以吗？我们再来试试梨、苹果、橙子。（学生分组做实验。）

梨电池

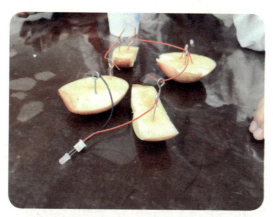

苹果电池

橙子电池

师：既然上面这些水果能发电，那果汁能不能发电呢？老师来试一试。

（教师演示果汁电池发电，学生观察实验。）

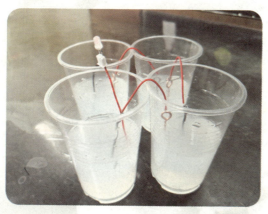

果汁电池

师：今天这节课我们成功利用一些水果和果汁制作了电池。只要我们多观察，多实验，一定会有更多的发现。

总结与评价：

　　通过讲述科学史，让学生明白科学的发现是要通过实验来验证的。制作柠檬电池时先让学生自己动手探究，再解决其中的问题，让学生有一个发现问题再到解决问题的过程。在做完柠檬电池后，每个组以小组为单位做不同的水果电池，任务完成后在组内进行互评，评价内容可包括电路连接熟练情况、探究精神、团队合作精神等。

主题拓展

探究雷电的成因。

探究蔬菜能否发电。

对换正负极金属，探究水果电池能否发电。

附录

知识链接

1.雷电的形成

　　雷电发生的前提是有强对流活动。在对流云团里的小水滴往复运动、互相摩擦的过程中，云团变为"暗流涌动"的带电云。云团中的电荷离子分布也有一定规律。一般情况下，正电荷会集中在云团上部，负电荷会运动到云团下部，这样的分布会导致上下层之间形成电位差。

　　当对流，即摩擦越来越剧烈时，电荷会越积越多，电位差达到一个临界值后，大气就会被击穿，产生一条导电通道。短时间内，大量电荷在这条通道中流过，就形成了闪电。同时，通道中温度骤增，使空气体积急剧膨胀，从而产生冲击波，导致强烈的雷鸣。

雷电的放电过程可以在云团内部发生，也可以在云团之间发生，而危害最大的是发生在云对地之间的放电过程。

2.水果发电原理

水果中富含果酸，果酸是一种电解质，能够电离出带正电荷的阳离子和带负电荷的阴离子，是电的良导体。当两种化学活泼性不同的金属（如锌和铜）插入水果中，会发生置换反应，带负电荷的阴离子向锌移动，带正电荷的阳离子向铜移动，从而在水果中形成电流，两种金属间产生电压。

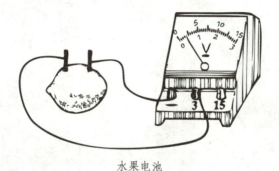

水果电池

其实，这种水果电池中的反应，学名叫原电池反应。原电池的构成条件有三个：（1）必须有能够自发进行的氧化还原反应发生；（2）有活泼性不同的两种材料作为电极材料；（3）正极、负极、电解质溶液共同构成一个闭合电路。只要具备以上三个条件，即可构成原电池，

参考板书

学生制作柠檬电池

春分 鸡蛋为什么能竖起来

春分是春季的第四个节气。到了春分，就代表春季已经过完了一半。春分这天，太阳直射在赤道上，所以南北半球的白天和夜晚时间一样长。因此有"春分秋分，昼夜平分"的说法。

课程设计

 设计意图

《春秋繁露·阴阳出入上下篇》说："春分者，阴阳相半也，故昼夜均而寒暑平。"春分是春季90天的中分点，这一天，太阳直射地球赤道，全球昼夜等长。人们喜欢在这一天玩"竖蛋"游戏。春分这一天为什么鸡蛋容易竖起来？竖蛋成功和哪些因素有关？鸡蛋究竟有什么奥秘？围绕着这些问题，引导学生通过自己的实践和尝试，探索科学的秘密。

课程领域	适用年级	建议课时
天文、数学、工程	3~6年级	2课时

 教 学 目 标

知识目标

1.了解春分节气的气候、物候等基本知识。

2.了解春分节气的习俗。

3.学习竖蛋的方法和技巧，探究鸡蛋的秘密。

能力目标

1.学会观察，以游戏、实验、头脑风暴等方式，探索鸡蛋的奥秘。

2.尝试鸡蛋创意绘制，让蛋儿更俏丽。

情感目标

通过活动，探索鸡蛋的奥秘，了解不同因素对竖蛋游戏的影响，培养良好的科学思维，激发学生喜欢春分、热爱节气的情感。

教 学 准 备

知识准备：知道现在所处节气和该节气的特点

教学材料：PPT课件、生鸡蛋、熟鸡蛋、放大镜、量筒、彩笔、鼠标垫、毛巾、玻璃、小达人奖章

教学设备：电脑、投影仪

 教 学 建 议

教学重点

1. 学习春分节气的气候、物候和习俗等。

2. 了解不同因素对竖蛋游戏的影响。

教学难点

1. 探索鸡蛋能竖起来的奥秘。

2. 弄懂新鲜鸡蛋、熟鸡蛋和臭鸡蛋哪个更容易竖起来以及其中的原因。

教学过程

第一部分 准备阶段

 主题导入

教师向学生提供燕子、放风筝、吃春菜等与春分节气有关的图片，并根据这些内容提出问题（如：图片中是什么？人们在进行什么活动？这些图片有什么共同特点？），激发学生的认知冲突，调动学生对学习春分知识、竖蛋画蛋活动的兴趣。

 视频导入

询问学生现在所处的节气，引导学生说出对该节气的了解，稍作总结后播放北京电视台纪实频道纪录片《中国二十四节气——春分》或相似内容的视频，帮助学生形成对春分节气的初步印象。

> **节气阅读**
>
> 3月20~21日之间，太阳来到了黄经0°，直射赤道。"春分到，蛋儿俏"，人们为什么喜欢在春分这一天玩竖蛋游戏呢？鸡蛋为什么能竖起来？不是春分日，鸡蛋也能竖起来吗？
>
> 请仔细阅读海豚出版社绘本《这就是二十四节气·春》中春分节气的内容，并结合自己在生活中的观察和经验说一说春分节气大自然的特征和人们的活动。

趣味问答

1.选择题：根据阅读的绘本和观看视频内容提问，或结合本地实际情况提问，帮助学生巩固春分节气知识。举例略。

2.开放性问答题：教师结合所在地地理特征，引导学生从察觉身边环境物候变化开始，探究本地区春分节气三候的现象，了解节气的文化内涵，并尝试用自己的语言完整地表述出来。举例如下：

第一题：春分节气，你会在户外看到哪些常见的花草或庄稼？它们有什么特征和变化？（教师作适当补充。）

第二题：春分节气，户外有哪些鸟儿在空中飞翔？

第三题：春分节气，人们为什么喜欢玩竖蛋游戏？（让学生说出自己的想法，教师点评补充。）

第四题：春分节气里藏着哪些诗作呢？（教师可出示贺知章的《咏柳》、徐铉的《春分日》让学生吟诵。）

小结：

准备阶段，通过图片、视频等内容引导学生对春分节气形成整体印象；再通过节气阅读从天文、气象、动植物、民俗活动等更为具体的方面进一步认识春分并掌握相关知识；最后以趣味问答的方式查缺补漏、拓展学习，带领学生回顾所学，感受春分的文化内涵。接下来在课程任务探究阶段，带领学生通过游戏、观察、实验、绘画等方法，了解和探究春分竖蛋里蕴含的奥秘。

第二部分　项目实施阶段

任务一：竖蛋有方法

建议用时：6分钟

教学用具：鸡蛋、"竖蛋小达人"奖章、课件

活动流程：借助图片、视频等，激发学生对竖蛋的兴趣，讨论并了解竖蛋的方法。

师：上节课，我们学习了春分的相关知识，还知道了"春分到，蛋儿俏"。人们常常以竖蛋游戏来庆祝春天的来临。

（播放各地人们在春分日玩竖蛋游戏的图片或视频。）

师：你觉得，在桌面上竖蛋要注意什么？有哪些方法呢？

（小结：大头朝下、护住鸡蛋、细心耐心。）

师：这些方法有用吗？一起来试一试。

学生进行"一分钟竖蛋游戏"

（"一分钟竖蛋游戏"规则：保持安静、屏气凝神、全神贯注竖蛋，看谁能在一分钟之内，在桌面上把鸡蛋竖起来。教师统计成功竖蛋的人数，颁发第一批"竖蛋小达人"奖章。）

📋 任务二：鸡蛋有奥秘

建议用时： 9分钟

教学用具： 鸡蛋、放大镜、"竖蛋小达人"奖章

活动流程： 借助放大镜观察鸡蛋，知道鸡蛋能竖起来的原因。

师： 鸡蛋头圆溜溜的，为什么能在这么平的桌面上立起来呢？

（学生思考、猜测。）

师： 请你用放大镜观察鸡蛋表面，看看能发现什么？

（学生用放大镜观察，交流发现：看起来光滑的鸡蛋壳，其实表面凹凸不平，有很多小凸起。）

师： 只要3个小凸起接触到同一平面，就能构成一个支撑整个鸡蛋的"三脚架"。当鸡蛋的重心落在这个"三脚架"里时，鸡蛋就竖起来啦！就像这个三脚架稳稳地支撑起了这台摄像机。这就是鸡蛋的奥秘！

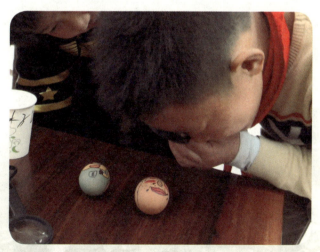

学生用放大镜观察鸡蛋表面结构

师： 了解了鸡蛋的奥秘，再来玩一次"一分钟竖蛋游戏"，看看这次你是不是能竖得又快又稳？

（统计成功竖蛋人数，颁发第二批"竖蛋小达人"奖章。分别请成功竖蛋和没有成功的同学上台，分享经验和寻找失败原因。）

任务三：竖蛋挑战赛

建议用时：15分钟

教学用具：课件、熟鸡蛋（第二组）、生鸡蛋（其他组）、量筒、鼠标垫、毛巾、玻璃、"竖蛋小达人"奖章

活动流程：把学生分成4~6组，每组4~6人；通过分组游戏，了解不同材质平面对竖蛋成功率的影响；通过观察和实验，探究新鲜鸡蛋比熟鸡蛋和臭鸡蛋更易竖立的原因。

师：竖蛋能否成功，除了技巧和方法，还和哪些因素有关呢？下面我们通过小组竖蛋挑战赛来一探究竟。

> **具体步骤：**
>
> 1.一分钟内，在鼠标垫上竖鸡蛋，看哪组成功的人数多。（教师统计每组成功人数。）
>
> 2.一分钟内，在毛巾上竖鸡蛋，看哪组成功的人数多。（教师统计每组成功人数。）
>
> 3.一分钟内，在玻璃上竖鸡蛋，看哪组成功的人数多。（教师统计每组成功人数。）
>
> 4.评比出优胜小组，颁发第三批"竖蛋小达人"奖章。

学生在玻璃上竖鸡蛋

师（采访在玻璃上竖蛋成功的同学）：在这么光滑的玻璃上，你也能把蛋竖起来，真厉害，请问你是怎么做到的？

（同学分享成功经验。）

师（采访在玻璃上竖蛋失败的同学）：在玻璃上竖蛋，难吗？你觉得你没有成功的原因是什么？如果再给你点时间你会怎么做？

（总结经验，鼓励学生建立信心。）

师：玩了这么多次游戏，同学们想一想，竖蛋能否成功，除了技巧和方法，还和哪些因素有关？

（学生分组讨论得出影响因素：平面光滑度、心理素质等。）

师：今天不是春分日，为什么也能成功竖蛋呢？下面我们来看一段视频，进一步了解一下原因。

（教师播放中国气象局制作的短视频《春分真的有助于立蛋成功吗？》。通过视频，让学生进一步懂得竖蛋游戏每天都可以玩，能否竖起来靠的是技巧、细心、耐心、静心和用心。）

师：请大家分小组讨论，新鲜鸡蛋、熟鸡蛋和臭鸡蛋，哪个更容易竖起来？

（要求：每个人都发表自己的观点，并说理由，之后各小组汇报讨论结果。）

师：事实证明，刚生下4~5天的新鲜鸡蛋，最易竖起来，这是为什么呢？老师这里有个新鲜鸡蛋，谁来帮忙打碎，放到这个量筒里。

蛋清和蛋黄在量筒里的位置变化

（请一位学生上台做实验，指导学生观察蛋清和蛋黄在量筒里位置的变化，认识到新鲜鸡蛋蛋黄会慢慢下沉，重心下降，有利于鸡蛋稳定地竖立起来。）

师：有人说，煮熟的鸡蛋，蛋黄已凝固，不利于重心稳定，肯定竖不起来。你觉得这样的说法对吗？为什么？

（指导学生说出自己的想法。）

师：在刚才的小组竖蛋挑战赛中，大家发现了，第二组竖蛋成功率最低，知道是什么原因吗？（请学生猜测原因。）

师：请第二组的同学，轻轻在桌子上磕一磕自己的鸡蛋，看看拿到的是什么蛋？验证一下。

师：那么，煮熟的鸡蛋和臭鸡蛋为什么不容易竖起来呢？

（学生发言，教师分别出示图片，让学生清晰地看到熟鸡蛋蛋黄已凝固，不会像新鲜鸡蛋那样降低重心；而臭鸡蛋，因为已变质，蛋清蛋黄很可能粘在蛋壳的某一处，也不利于重心稳定。）

📋 任务四：鸡蛋创意绘

建议用时：10分钟

教学用具：课件、鸡蛋、彩笔、"画蛋小达人"奖章

活动流程：欣赏不同的鸡蛋彩绘，说说想怎样装扮自己的鸡蛋，动手创意绘制。

师：春分到，蛋儿俏。春分这天，人们不仅喜欢玩"竖蛋"，还喜欢在鸡蛋上画画（播放鸡蛋彩绘组图）。

（学生交流最喜欢的作品和理由。）

师：你想怎么装扮手中的鸡蛋呢？

（学生交流自己的创意设想。）

师：拿出彩笔，开始绘画创意。

规则：轻拿轻放，纸杯倒扣，音乐起就起，音乐停就停。画得又快又好

的，就是"画蛋小达人"。

（学生绘制，之后进行作品展示，邀请同学上台介绍自己的创意。）

学生展示鸡蛋创意彩绘

总结与评价：

　　在每次竖蛋任务结束后，指导学生分析原因、反思问题、总结经验，在任务全部完成后评出获得小达人奖章最多的学生给予奖励；组织学生进行自评，评价内容可包括任务完成情况、问题分析能力、探究精神等。

主题拓展

　　寻找不同的材质做平面，进行竖蛋游戏。

　　寻找不同动物的蛋，进行竖蛋游戏。

附录

参考板书

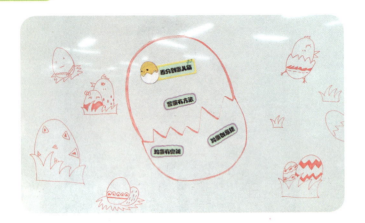

学生实践成果

学生制作鸡蛋彩绘成品

52

清明

风从哪儿来

　　清明是春季的第五个节气，清明节在我国也是一个传统节日。农谚有"清明雨渐增，天天好刮风"的说法。

课程设计

 **设计意图**

清明节到了，人们三三两两结伴到亲人的墓地前祭扫，清明祭祖扫墓的风俗由来已久。因为入春以后草木萌生，先人的坟墓有可能在雨季来临时出现塌陷，或者因山里的小动物打洞受损，所以人们在祭扫时给坟墓铲除杂草，添加新土，供上祭品，举行简单的祭祀仪式，以此表示对祖先的怀念。

"清明雨渐增，天天好刮风。"多风是清明节气的一个重要气候特点，设计"风从哪儿来"的活动，让学生感受节气的特点，从气象、美学、物理等多方面了解清明节气。

课程领域	适用年级	建议课时
工程、气象	3~6年级	2课时

教学目标

知识目标

1. 了解清明节气的基本知识。
2. 了解并掌握风向、风级、风能等基本知识。

能力目标

1. 通过阅读图书、网络搜索或与同伴交流等方式获取信息，能用自己的话描述清明时节动植物的生长变化以及清明节的习俗。

2.学会判断风向、风级的基本方法。

情感目标

1.体验认识风向标指示方向、制作风向标、利用风向标测风向的全过程，感受科学与自然的无穷乐趣。

2.通过实践活动，引导学生敬畏自然，与自然和谐相处。

教 学 准 备

知识准备：清明节气和风级、风能等相关知识

教学材料：课件，风向标，简易风向标制作材料（纸杯、吸管、卡纸、透明胶带、裁纸刀、剪刀、瓶盖、细铁丝），小电风扇

教学设备：电脑、投影仪

教 学 建 议

教学重点

探索如何用风向标测风向。

教学难点

自主完成风向标制作并测试风向。

教学过程

第一部分　准备阶段

主题导入

　　教师可用学生较为熟悉的古诗《清明》（唐·杜牧）作为课程导入，带领学生诵读古诗，并根据诗中内容提出问题，如：这首诗描绘了哪个节气？这个节气有什么特点？通过问题激发学生的认知冲突，培养学生对项目的兴趣。

视频导入

　　观看北京卫视纪实频道有关清明的节目，或和清明节气物候有关的纪录片、新闻报道视频和图片，了解我国各地清明节气的民俗和传统游戏。

节气阅读

　　清明，时间点在4月5~6日之间，是反映物候现象的节气。清明有天清地明的意思，这个节气开始，天气清澈明朗，阳光明媚，百鸟啼鸣，柳绿桃红，树木开始繁茂生长，整个大地的生物都活跃起来了。清明不仅是节气，也是中国民间祭祀祖先、缅怀先人的传统节日。你知道清明节气里藏着哪些秘密吗？

　　请仔细阅读海豚出版社绘本《这就是二十四节气·春》中清明节气的内容，并结合自己的观察说一说，你所在的地方，清明节气有哪些典型的物候特征和活动。以自然笔记的形式将清明节气到来时间、天气情况，以及你的发现记录下来，与老师和同学一起分享。（记录表单项目和样式参考《这就是二十四节气自然笔记本·春知节气》之"清明"分册。）

趣味问答

1.选择题：根据绘本和视频提问，或结合本地实际情况提问，帮助学生巩固清明节气知识。

2.开放性问答题：结合本地地域特点，引导学生从察觉学校周围环境物候变化开始，探究本地区节气三候的现象，了解节气的文化内涵，并尝试用自己的语言完整地表述出来。举例如下：

第一题：你最近看到了什么动物？和上一个节气有什么不同？

第二题：清明节气，你在户外还看到了哪些植物的变化？农民伯伯都会进行哪些农事活动？（让学生讲述看到大自然有哪些变化，说出自己的观察与理解，教师点评补充。）

第三题：请用自己的语言讲一讲寒食节与清明节的由来。

小结：

准备阶段，通过带领学生诵读古诗、观看视频、阅读绘本，讲述清明节气三候及相关农事、民俗文化知识，帮助学生学习节气知识。再通过趣味问答查缺补漏，使学生回顾所学并了解自己的掌握情况。接下来在课程任务探究阶段，重点引导学生参与到风向、风级、风能等探究活动中来，在有趣的科学探究活动中感受大自然的神奇美好。

第二部分　项目实施阶段

任务一：有关风的那些事

建议用时：6分钟

活动流程：播放中央电视台节目《经典咏流传》中《风》的视频，导入新课，组织学生讨论生活中的风。

师：唐代诗人李峤写的《风》，估计不少同学都会背。可你们能像他们这样把它唱出来吗？（播放视频。）在我国，关于清明节气有这样一句农谚："清明雨渐增，天天好刮风。"多风是清明节气的一个重要的气候特点，今天这节课我们就重点探究一下有关风的那些事。（板书课题。）说到风，我们都非常熟悉，在生活中你"见"过风吗？

（通过学生回答，板书与风相关的关键词，如风的方向、速度、大小、能量、干湿、冷暖。通过互动交流，说出"风"的概念。）

师：根据刚才大家的讨论，我们知道了空气的水平运动形成风。当然，也有垂直运动，如龙卷风就是上升气流。接下来，我们就来探讨与风有关的几个关键属性：风向、风级、风能。

任务二：识风向——制作风向标

建议用时：20分钟

教学用具：风向标、简易风向标制作材料

活动流程：播放视频导入风向概念，带领学生初识风向标，此后分小组实验探索风向标指示风向的方法和原理，最后动手制作风向标并在室内测风向。

（播放小视频：红旗在风中变换飘动的方向。）

师：视频中红旗飘动的方向为什么会改变呢？是的，风是有方向的。我们把风吹来的方向叫作风向。

（播放路边拍摄的风向标工作的小视频，介绍风向标的各组成部分。）

师：气象站用来测风向的仪器，叫风向标。仪器的上半部分就是用来测量风向的。它的形状像一架小飞机，前面有个小小的箭头，后面两边有对称、面积稍大的尾翼。

（每组下发一个风向标、一台电风扇，电风扇对着风向标吹，改变电风扇的位置与方向，观察风向标箭头的变化与特点。）

师：不管风从哪儿来，这个箭头都指向风吹来的方向。

（小贴士：当箭头和箭尾同时受风时，箭尾的受风面积比箭头大，那么箭尾肯定会被风推后，这样箭头就指向风的来源了。）

师：同学们，知道了风向标测风向的方法，你们想不想自己也做一个风向标呢？老师给每组同学准备了材料，大家两两合作，依据老师给出的步骤制作风向标。

具体步骤：

1. 选一根吸管，在吸管两端纵向切开约1厘米的缝隙。

2. 用硬纸板剪一个大小适中的箭头和一个稍大的尾翼，分别插入吸管两端的缝隙，并固定。

3. 用一根大头针穿过吸管平衡点并插入铅笔一端的橡皮中，使其能自由转动。

学生制作风向标

学生制作完成的风向标

师：现在，大家分小组，每人选一个方位，模拟风，向风向标轮流吹气，其余的人判断并说出风向，限时2分钟。

学生模拟风并判断风向

任务三：辨风级——认识《风力等级表》

建议用时： 8分钟

活动流程： 介绍风级的历史由来及风力等级表，学生展示自制风力等级表。

师： 生活中人们通常把风的强度大小划分等级，世界上最早给风定级的是我国唐朝的太史令李淳风。公元645年，他在《乙巳占》中将风力分成8个等级。

1805年，英国人弗朗西斯·蒲福（Francis Beaufort）拟定了"蒲福风力等级"。这个风力等级最初是根据风对炊烟、沙尘、地物、渔船、渔浪等的影响大小分为0~12级，共13个等级。后来，又在原分级的基础上，增加了相应的风速界限。自1946年以来，风力等级又作了扩充，增加到18个等级（0~17级）。目前国际上采用的就是蒲福风力等级。

（学生按顺序逐一介绍《风力等级表》。）

学生逐一介绍风力等级

📋 任务四：说风能

建议用时：6分钟

活动流程：介绍风对人们生活的影响，引导学生敬畏自然，学会与自然和谐相处。

师：不同等级的风力，给自然界和人们的生产生活带来的影响也不一样。所以风有时是温暖的，但有时也是凛冽的，春天的微风可以传播花粉，交换能量，而冬天的狂风也会给人们带来灾难。

（用图片展示人们对风的利用，播放龙卷风的视频。）

师：其实，放风筝也是对风的一种利用。大家知道风筝怎么才能飞得高吗？

（学生讨论，教师总结：逆风放飞，风足放线，风少收线。）

师：此外，机场跑道的设置也与风有关系哦。

（向学生说明飞机逆风起飞和降落，所以每座机场跑道的设置，既要在选址上考虑地势的开阔平坦，还要在朝向上考虑当地常年的风向。）

师：风蕴含了巨大的能量，既能造福人类，也能带来灾害，我们要学会与自然和谐相处，敬畏自然。

总结与评价：

在全部任务完成后，带领学生回顾课程内容，总结重要知识点，指导学生以小组为单位进行反思与评价，讨论在实践中遇到的问题与解决方式，评价各自的动手能力、合作精神、举一反三的能力等。

主题拓展

课后在小区里测风速、风向。

课后自制风筝，并在操场上放飞。

附录

1.《蒲福风力等级表》

蒲福风级（Beaufort scale）是英国人弗朗西斯·蒲福于1805年根据风对地面物体或海面的影响程度而定出的风力等级。按强弱，将风力划为"0"至"12"，共13个等级，即目前世界气象组织所建议的分级。后来到20世纪50年代，随着测风仪器不断改进，人们测量发现自然界的风实际上大大地超出了12级，于是就把风级扩展到17级，即共18个等级。

蒲福风力等级表

风力等级	海面状况		海岸船只征象	陆地地面物征象	相当于空旷平地上标准高度10m处的风速		
	海浪高/m				m/s	km/h	knot
	一般	最高					
0	—	—	静	静，烟直上	0~0.2	小于1	小于1
1	0.1	0.1	平常渔船略觉摇动	烟能表示风向，但风向标不能动	0.3~1.5	15	1~3
2	0.2	0.3	渔船张帆时，每小时可随风移行2km~3km	人面感觉有风，树叶微响，风向标能转动	1.6~3.3	6~11	4~6
3	0.6	1.0	渔船渐觉颠簸，每小时可随风移行5km~6km	树叶及微枝摇动不息，旌旗展开	3.4~5.4	12~19	7~10
4	1.0	1.5	渔船满帆时，可使船身倾向一侧	能吹起地面灰尘和纸张，树枝摇动	5.5~7.9	20~28	11~16
5	2.0	2.5	渔船缩帆（即收去帆之一部分）	有叶的小树摇摆，内陆的水面有小波	8.0~10.7	29~38	17~21
6	3.0	4.0	渔船加倍缩帆，捕鱼须注意风险	大树枝摇动，电线呼呼有声，举伞困难	10.8~13.8	39~49	22~27
7	4.0	5.5	渔船停泊港中，在海者下锚	全树摇动，迎风步行感觉不便	13.9~17.1	50~61	28~33

风力等级	海面状况 海浪高/m		海岸船只征象	陆地地面物征象	相当于空旷平地上标准高度10m处的风速		
	一般	最高			m/s	km/h	knot
8	5.5	7.5	进港的渔船皆停留不出	微枝拆毁，人行向前，感觉阻力甚大	17.2~20.7	62~74	34~40
9	7.0	10.0	汽船航行困难	建筑物有小损(烟囱顶部及平屋摇动)	20.8~24.4	75~88	41~47
10	9.0	12.5	汽船航行颇危险	陆上少见，见时可使树木拔起或使建筑物损坏严重	24.5~28.4	89~102	48~55
11	11.5	16.0	汽船遇之极危险	陆上很少见，有则必有广泛损坏	28.5~32.6	103~117	56~63
12	14.0	—	海浪滔天	陆上绝少见，摧毁力极大	32.7~36.9	118~133	64~71
13	—				37.0~41.4	134~149	72~80
14	—				41.5~46.1	150~166	81~89
15	—				46.2~50.9	167~183	90~99
16	—				51.0~56.0	184~201	100~108
17	—				56.1~61.2	202~220	109~118

（来源：《GB/T 28591—2012风力等级》）

2.飞机跑道朝向与风的关系

在修建机场跑道前，除考虑地形条件等因素外，还必须仔细研究当地历史气象资料，全面详细掌握当地风速风向的规律，将跑道沿盛行风向修建。这样设置，是因为飞机起降最好逆风进行。一般而言，飞机与空气的相对速度越大，升力也越大；相对速度越小，升力也就越小。逆风起飞可增大飞机的升力，逆风降落可增大阻力。

具体而言，如果当地一年中常刮西北风或东南风，跑道就要沿西北——东南方向设置。临海的机场，设计跑道要考虑海陆风的影响，位于山区的跑道则要注意山谷风。这样既能提高跑道的安全系数，又能提升机场的航空运行效率。

一周风向风力观测记录表

观测人：   观测日期：　　月　　日~　　月　　日

观测时间	观测地点	观测工具	风　向	风力等级

备注：

参考板书

学生在小区里测风向、风速

学生课后放飞自制的风筝

谷雨

粮食从哪里来

谷雨是春季的最后一个节气，时间点在每年4月19～21日，太阳到达黄经30°。谷雨节气的到来意味着寒潮天气基本结束，气温回升加快，大大有利于谷类农作物的生长。

课程设计

 设 计 意 图

谷雨是二十四节气的第六个节气，也是春季最后一个节气，名称源自古人"雨生百谷"之说。谷雨时节，土壤的温度和湿度相对稳定，最适合农作物的生长。但即使在同一个节气里，不同的土壤也会导致植物的生长状况不同。那么土壤的种类有哪些呢？什么土壤最适合植物的生长呢？我们可以采取什么样的方法验证呢？围绕这些问题，引导学生通过自己的观察、探索来了解土壤。课堂贯穿了科学的研究方法来证明猜想，通过土壤的试验，让学生认识到粮食与土地之间的关系。

课程领域	适用年级	建议课时
生物、农业	3~6年级	2课时

 教 学 目 标

知识目标

1.了解谷雨节气的基本知识。

2.认识各种土壤。

能力目标

1.学会科学研究问题的方法：假设——验证——结论。

2.学会科学的种植方法。

3.学会记录种子的生长过程。

情感目标

1.在一段时间内坚持记录种子的生长过程，养成爱护、保护作物的情感。

2.引导学生在实践中多问"为什么"和"怎么办"，培养良好的科学思维习惯。

教学准备

知识准备：知道现在所处节气和该节气的特点

教学材料：课件，四色土（红土、沙土、黏土、泥炭土），土壤探测
　　　　　　　仪器，种子，玻璃杯，种植牌，观察表

教学设备：电脑、投影仪

教 学 建 议

教学重点

1.在探究的过程中学会运用"假设——验证——结论"的科学研究方法。

2.学习如何科学地种植种子。

教学难点

通过"听、看、摸、闻"观察四色土，并猜测哪种土壤适合绿豆的种植。

教学过程

第一部分　准备阶段

 ## 主题导入

　　教师询问学生现在所处的节气，展示谷雨的相关图片，请学生分享各自查阅的相关资料，说出对该节气的了解。

 ## 视频导入

　　教师对学生发言内容稍作总结后播放北京电视台纪实频道纪录片《中国二十四节气——谷雨》或相似内容的视频，帮助学生形成对于谷雨节气的初步印象。

节气阅读

　　每年大约在4月19~21日之间，太阳到达黄经30°，此时是播种移苗、掩瓜点豆的最佳时节。"清明断雪，谷雨断霜"，谷雨是春季最后一个节气，谷雨节气的到来意味着寒潮天气基本结束，气温回升加快，大大有利于谷类农作物的生长。你知道谷雨节气里藏着哪些秘密吗？

　　请仔细阅读海豚出版社绘本《这就是二十四节气·春》中谷雨节气的内容，并结合自己在生活中的观察和经验说一说你对土壤的了解。

趣味问答

1.选择题：根据绘本和视频内容提问，帮助学生巩固谷雨节气知识。举例略。

2.开放性问答题：教师边讲述边提问，梳理谷雨节气知识，同时结合所在地区特点，引导学生从察觉学校周围环境物候变化开始，探究本地区节气三候的现象，并尝试用自己的语言完整地表述出来。举例如下：

第一题： 谷雨节气，你会在户外看到哪些常见的花？它们有什么特征和变化？（教师作适当补充。）

第二题： 谷雨节气，户外会有哪些昆虫在空中飞舞？

第三题： 谷雨节气的气候为什么有利于农作物生长？（让学生说出自己的想法，教师点评补充。）

第四题： 你知道谷雨节气里藏着什么样的节气故事吗？（播放视频动画：《仓颉造字》。）

第五题： 谷雨节气里还藏着一些节气特有的诗作，你知道哪些？（教师可出示唐寅的《牡丹图》、郑板桥的《七言诗》让学生吟诵。）

小结：

准备阶段，通过主题导入、观看视频和节气阅读引导学生对谷雨节气形成立体印象，并掌握相关节气知识；借助趣味问答查缺补漏、拓展学习，带领学生回顾所学，感受节气的文化内涵。接下来在课程任务探究阶段，带领学生运用"假设——验证——结论"的科学研究方法认识土壤。

第二部分　项目实施阶段

任务一：土壤知多少

建议用时： 10分钟

活动流程： 借助视频、PPT等帮助学生了解土壤的各种类型。

［播放塞思·博伊登（Seth Boyden）导演的动画短片《岩石壮烈的一生》。］

师： 同学们，刚刚我们看到的是一种山上的岩石。其实在我们祖国的大地上有着许多不同的土壤。

（PPT出示图片或播放我国土壤介绍的视频，指出我国有哪些种类的土壤，它们分布在我国的哪些区域。）

师： 有这么多种土壤，你知道哪一种土最适合植物的生长吗？你们可以猜猜看。

（学生自由发言，提出各自猜想。）

师： 刚刚大家的猜测只是一种假设（板贴：假设），我们需要进行验证，看假设是不是正确（板贴：验证）。

任务二：四感识土

建议用时： 12分钟

教学用具： 四色土、玻璃杯、"四感识土"记录表

活动流程： 通过听、看、摸、闻四感来初步认识土壤，猜测哪种土壤适合植物生长。

师： 为了验证我们的假设，今天老师带来了4种土，分别是红土、沙土、黏土和泥炭土（黑土），我们就以种植容易发芽的绿豆为例，看看哪一种土最适合绿豆的生长。每个小组的桌子上都有这四种土，我们首先将通过——听、看、摸、闻这四种感受来认识这四种土壤。

具体步骤：

1.听：每人拿一种土，在耳边晃一晃，听一听泥土的声音，之后告知记录员结果。

2.看：从颜色、形状等方面观察土壤，记录观察结果。

3.摸：把土倒在纸上，用手触摸并记录感受。

4.闻：闻一闻土壤的味道，并记录感受。

学生通过四感认识土壤

　　师：刚刚我们通过四感初步认识了土壤，现在请以小组为单位猜一猜哪种土壤适合绿豆的生长，请记录员到黑板上画出来。

任务三：科学辨土

　　建议用时：8分钟

教学用具：四色土、土壤检测仪

活动流程：通过土壤检测仪测量不同土壤的温度、湿度，猜测哪种土壤适合植物生长。

师：我们每个小组都有了自己的猜测，但是通过刚才的四感识土，我们还不能得出结论。上节课我们了解到，谷雨之所以适合植物的快速生长，是因为它的温度和湿度相对稳定。那么，今天这四种土的温度和湿度是怎样的呢？我们可以通过这个土壤探测仪来测一测。

（带领学生用仪器测量四种土的温度、湿度。）

教师用仪器测量土壤数据

师：对照黑板上的测试结果，请以小组为单位，再猜一猜哪种土壤最适合绿豆的生长，请记录员到黑板上画出来。

📋 任务四：眼见为实

建议用时：10分钟

教学用具：种好的绿豆芽、观察记录表

活动流程：通过展示已经生长了一段时间的绿豆芽，让学生眼见为实。指导学生自己种下种子，并下发观察记录表，指导学生做好课后观察记录。

师：到底哪一组的猜测才是正确的呢？老师课前在这四种土里都种了绿豆，现在让我们眼见为实！

（拿出提前种好的绿豆芽，用纸挡着，慢慢揭晓。猜对的小组奖励一袋绿豆种子。）

师：我们发现沙土最适合绿豆的生长，那是不是所有的植物都是这样的呢？

（PPT 图片出示仙人掌、含羞草等不同种类植物的生长环境。）

师：我们发现不同植物适合生长的土壤环境不同，你们想不想选一种种子种一种，看看它适合在哪种土壤里种植？不过在种之前请同学们想一想，影响种子发芽的因素有哪些？为了进行对比，除了土壤不同以外，我们需要保持哪些因素相同？

（学生回答：水、光照、种子种类等。教师总结后下发材料，学生动手种下种子。）

师：在牌子上写下你的姓名、种子名称以及种下去的时间，便于以后记录观察。每个同学手中都有一张观察表，请把每天的观察写到这张表格上去。

总结与评价：

在任务全部完成后，教师带领学生回顾本课主要知识点，反思出现的问题，总结解决方法。课下组织学生从知识掌握运用、信息收集处理、问题分析解决、小组合作研究、自主学习探究、创新与反思等方面进行自评与组内互评。

主题拓展

选择一种种子，运用科学的方法研究哪种土壤最适合它的生长。

了解我国的土壤类型、分布以及最有利于粮食生长的区域。

75

附录

知识链接

1. 粮食

粮食是指烹饪食品中，作为主食的各种植物种子总称，又称为"谷物"，含营养物质丰富，主要为蛋白质、维生素、膳食纤维、脂肪等。联合国粮食及农业组织的粮食概念就是指谷物，包括麦类、豆类、粗粮类和稻谷类等。

我国古代习惯称粮食作物为五谷，反映出当时的主要粮食作物有五种。至于是哪五种，现在有两种解释，一说是稻、黍、稷、麦、菽（大豆）；另一种说法是麻、黍、稷、麦、菽。到了现代，人们依旧通称粮食为五谷，但是我国现在栽培的粮食作物种类及其比重，已经和过去大不相同了。目前我国大面积栽种的粮食作物约14种，其中稻谷、小麦、玉米、豆类、薯类最为重要，这几种作物占据粮食总产量的绝大多数。从各自占粮食总产量的比重看，稻谷、玉米和小麦占据了绝对主导地位。

2. 我国土壤的分类及分布

基于土壤发生分类，我国于1992年确立了12个土纲，29个亚纲，61个土类和231个亚类。我国土壤类型呈现水平地带性。受季风和地形的影响，东部森林区发育了各类酸性的森林土。从北向南，依次发育了棕色针叶林土、暗棕壤、棕壤、红壤、黄壤、砖红壤等。在秦岭、淮河以北，自东向西降水量逐渐减少，表现出明显的经度地带性规律，依次发育了黑钙土、黑垆土、栗钙土等各类草原土。到最西部的荒漠地区，出现了灰棕漠土、棕漠土和高山寒漠土。而在一定的水平地带内，由于山地水热条件的特殊性，山地的土壤类型又体现出垂直分布规律。例如，我国亚热带南部山地土壤垂直带谱从下到上依次为红壤——山地黄棕壤——山地灌丛草甸土。

活动记录表

1.任务二：四感识土

"四感识土"记录表

记录人：　　　　　　　　　　　　　　　组员：

感 受 方法　　土壤类型	沙土	红土	黏土	泥炭土
听				
看				
摸				
闻				

2.任务四：眼见为实

种子生长观察记录表

种子名称：　　　　　　　　　　　　　　种植人：

生长情况　　土壤类型 时间	沙土	红土	黏土	泥炭土

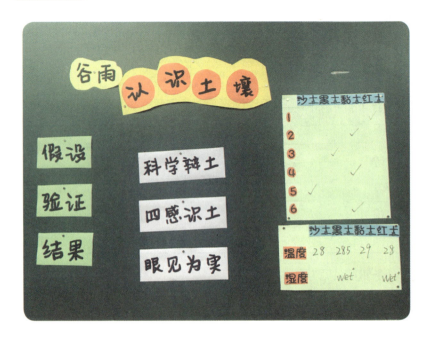

绿豆种植一星期

绿豆种植三星期

立 夏

制作温度带地球仪

立夏是夏季的第一个节气，是夏天开始的意思。此时太阳直射点大约位于北纬16°20′，并将逐渐向北回归线移动，北半球的天气会越来越热。立夏时节，植物生长旺盛，农民也进入大忙时期。

课程设计

☀ 设 计 意 图

在天文学上，立夏表示春天结束，夏天开始了。人们习惯上都把立夏当作是温度明显升高，炎暑将临，雷雨增多，农作物进入生长旺季的一个重要节气。

江南地区四季分明，可是听全国天气预报的时候，我们经常会听到有些地方四季如春，一年到头的温度都差不多，夏天也没有那么热，是怎么回事呢？

在地球上，不同地区的太阳高度和昼夜长短随纬度而变化。人们根据各地获得太阳光热的多少，把地球表面划分为五个温度带，即热带、南温带、北温带、南寒带、北寒带，总共三个类别：热带、温带、寒带。

我们属于哪一个温度带呢？学生将通过学习和手工制作来体验地球的温度带区域划分和目标定位。

课程领域	适用年级	建议课时
地理、艺术	3~6年级	2~3课时

☀ 教 学 目 标

知识目标

1.了解立夏节气的基本知识。

2.了解地球五带的基本概念和划分标准。

能力目标

1.学会观察，记录立夏节气十五天里气温的变化。

2.通过阅读图书、收听收看天气预报等节目、网络搜索或与同伴交流等方式获取信息，思考不同温度带与动植物生长以及人们生活之间的关系。

3.理解温度带的概念，会区分三种温度带，能在泡沫地球仪半成品上用三色胶布标贴出不同温度带，找出中国所处的温度带并说出其特征。

情感目标

认识到祖国幅员辽阔，美食美景繁多，增强对祖国和传统文化的热爱之情。

教学准备

知识准备： 立夏节气知识，地理知识（经纬度、温度带、太阳直射点等）

教学材料： 课件、地球仪、红黄蓝三色胶布、泡沫地球仪半成品、自制咸鸭蛋温度带地球仪、自制水果温度带地球仪

教学设备： 电脑、投影仪

 **教学建议**

教学重点

学习地球上温度带的划分方法。

教学难点

掌握地球上经纬度的划分，并能按要求找到指定的经纬线交叉点。

教学过程

第一部分　准备阶段

☀ 主题导入

　　教师向学生出示网兜咸鸭蛋，请几位同学上前，各自手持鸭蛋，尖处为头，圆处为尾，以蛋头撞蛋头、蛋尾击蛋尾，进行车轮战，壳破的为输，最终胜利者为"蛋王"。通过有趣的斗蛋活动引出立夏节气，引导学生思考节气特点，让学生说出自己对立夏的理解。

节气阅读

　　　立夏，时间点在5月5~6日之间。立夏与立春、立秋、立冬合称"四立"，都是标志季节开始的节气。立夏时节，植物繁茂，农作物生长旺盛，农民也进入大忙时期。俗话说"立夏不热，五谷不结"，立夏时节，天气渐热，雷雨增多，动植物都开始迅速生长。我国江南地区进入雨季，多阴雨连绵天气。

　　　请仔细阅读海豚出版社绘本《这就是二十四节气·夏》中立夏节气的内容，并结合自己的观察说一说，你所在的地方，立夏节气有哪些典型的物候特征和活动？

☀ 发现问题

　　教师出示立夏当天全国几个城市（哈尔滨、乌鲁木齐、苏州、昆明、海口）的天气预报（突出温度），引导学生发现在全国不同地区间存在着较大温差。立夏节气有些地方气温仍比较低，请学生猜想原因。

☀ 认识温度带

教师带学生认识温度带，让学生认识到各地温度与地理位置有关。

1.认识太阳直射点

师：由于地球是近似球形的，太阳光照射地球时，只跟一个地方的地平面产生垂直的夹角，这个地方叫作太阳直射点（地心与日心连线和地球球面的交点）。

2.认识温度带

师：太阳直射点会有规律地在南北回归线之间移动，造成南北回归线之间的地区常年比较热，称之为热带。南北极及其周围地区会有极昼极夜的现象，太阳高度角极小，所以气候终年寒冷，称为寒带。寒带和热带之间的区域属于温带。地球表面不同的地区按照所获得太阳光热的多少划分为三大温度带：热带，温带（南温带、北温带），寒带（南寒带、北寒带）。

南北回归线之间是热带，北回归线至北极圈是北温带，北极圈至北极点是北寒带；同样的，南回归线至南极圈之间是南温带，南极圈至南极点是南寒带。

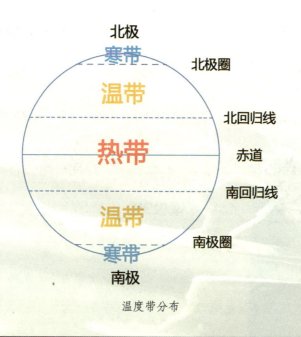

温度带分布

3.了解温度带划分界限

师：现在大家知道了温度带是怎样划分的，可是南北回归线和南北极圈到底在哪里呢？怎么在地球仪上找到它们？

（学生们发表看法，有些学生知道，有些学生不懂。教师观察学生的思考是否合理，鼓励他们多动脑。）

师：请观察一下地球仪上的线，说一说自己的发现。

（学生可能会说有一条条横线和竖线。）

师：是的，地球这么大，怎么准确地找到某一个地方呢？这时就有两个帮手出现了：经线和纬线。纬线是与地轴垂直并环绕地球一周的圆圈，长度不等。最长的纬线，就是赤道。经线是连接南北两极并与纬线垂直的半圆，指示南北方向。经线和纬线是人们为了确定地球上的位置和方向，在地球仪和地图上假设出来的线。这样，我们就知道温度带划分线的位置了。

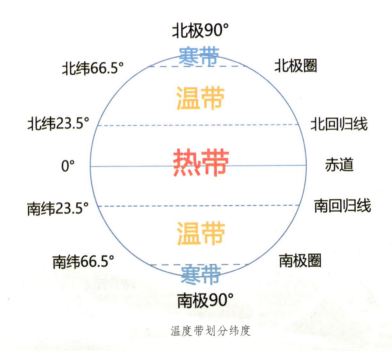

温度带划分纬度

（知识点全部讲解完毕后，教师可播放科普中国制作的视频《太阳直射点与二十四节气》，帮助学生进一步加深理解。）

小结：

　　准备阶段以趣味活动引入，激发学生对节气学习的兴趣，再通过节气阅读进一步增加学生对立夏节气的认识，展示立夏当天全国不同城市温度差异，引导学生观察身边不同气候现象，继而引出气候与地理位置的关系，带领学生认识温度带并学习温度带的划分，为下一阶段自制地球仪、划分温度带等活动做铺垫。

第二部分　项目实施阶段

 任务一：自制温度带地球仪

　　建议用时： 40分钟

　　教学用具： 泡沫、地球仪半成品、红黄蓝三色胶布、剪刀、中国地图

　　活动流程： 教师结合上节课内容以小组为单位分发泡沫地球仪半成品等材料，指导学生制作温度带地球仪。

　　（教师提前做好泡沫地球仪半成品。）

具体步骤：

　　1.在直径约10cm的泡沫球上找到赤道位置并画出赤道线；

　　2.找到南北极位置并做标记；

　　3.用软尺或直尺画出一条经线，标出各个纬度；

　　4.找到南北回归线的纬度和南北极圈的纬度，设法画出南北极圈和南北回归线（可利用圆圈状物品如胶带圈等在泡沫球上画圈）。

　　师： 同学们，上节课我们学习了温度带的划分。这节课我们一起动手制作温度带地球仪吧！

具体步骤：

1.分别用红、黄、蓝胶布贴出热带、温带、寒带，尽量美观整齐；

2.将中国地图沿轮廓剪下，备用；

3.在地球仪上找出中国所处的纬度范围，将中国地图贴到温度带地球仪对应位置上。

贴出温度带

贴出中国位置

📋 任务二：自制个性温度带地球仪

建议用时： 20分钟

教学用具： 教师自制温度带地球仪，制作原料（咸鸭蛋、桃子、橙子）

活动流程： 教师出示用咸鸭蛋、桃子、橙子制作的温度带地球仪，引导学生发挥想象，制作个性温度带地球仪。

师： 看，这是老师制作的个性温度带地球仪，你们猜一猜是用什么做的？

（向学生展示，待学生观察、猜测完毕后公布答案。）

师： 大家发挥自己的想象，用生活中常见的物品设计、制作个性温度带地球仪吧！

（制作提示：找到物品最鼓的地方画出一圈赤道，找到顶部最中间的位置标出极点，余下步骤与普通温度带地球仪制作相同。）

学生制作的个性温度带地球仪

总结与评价：

在每个任务完成后，让学生对照自己的实施过程和完成提交的作品进行总结评价，包括：三带划分是否正确；胶布填充的质量是否过关；制作过程是否认真细致；小组合作是否顺畅等。

主题拓展

了解中国所处的温度带。

以吐鲁番盆地为例，探究气温与地理特征的关系。

附录

知识链接

1.太阳直射点

地球表面太阳光射入角度（即太阳高度角）为90°的地点，是地心与日心连线和地球球面的交点。立夏时，太阳直射点大约为北纬16° 20′。

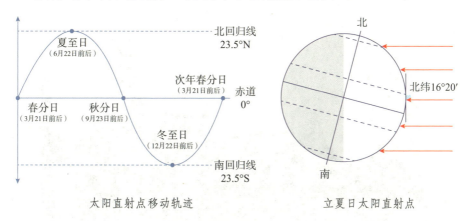

太阳直射点移动轨迹   立夏日太阳直射点

2.新疆吐鲁番盆地

吐鲁番盆地是一个典型的地堑盆地，也是中国地势最低的地方，虽然离寒带很近，但是夏季气温却非常高。火焰山是吐鲁番最著名的景点，是中国最热的地方。这里夏季最高气温可达到47.8℃，地表最高温度可达到89℃，沙窝里能够将鸡蛋烤熟，是名副其实的"中国热极"。

参考板书

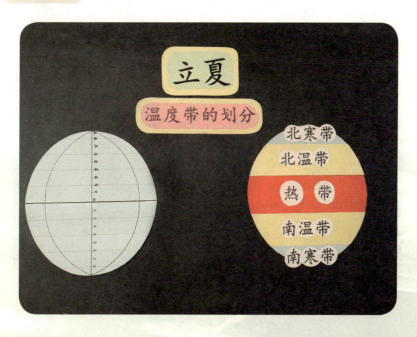

学生展示自制温度带地球仪

学生自制温度带地球仪

小 满

小麦一生的故事

　　小满是夏季的第二个节气。这是一个充满期待的节气，也是收获的"前奏"，农谚有"小满小满，麦粒渐满"的说法。

课程设计

设计意图

　　小满在每年公历的 5 月 20~22 日之间。小满时节，天气渐渐转热，南北温差也会进一步缩小，空气湿度低，常常会感觉皮肤干燥。小满的"满"既指北方麦粒的饱满，也指南方雨水的丰盈。俗话说"小满小满，麦粒渐满"，此时，大麦、冬小麦等作物籽粒的浆液刚刚充满，但还未成熟，所以叫小满。

　　小满是充满期待的节气，也是收获的"前奏"，这个时期麦田里的小麦是什么样的呢？小麦到底是怎么种下，又是怎么生长起来的？不同生长阶段的小麦又是什么样的呢？成熟后的小麦有什么用途呢？围绕这些问题，引导学生通过观察、探索了解小麦的一生。可以通过文字、图片、视频让学生认识小麦并了解小麦的生长过程和用途，通过实践体会种植小麦的乐趣。

课程领域	适用年级	建议课时
生物、农业	3~6 年级	2 课时

教学目标

知识目标

1. 了解小满节气的基本知识。

2. 了解小麦在不同生长阶段形态特征的变化、小麦成熟后的用途。

能力目标

1. 学会观察，以摄影、绘画或做自然笔记的方式，记录小麦从播种到成熟的变化。

2.学会筛选麦种，了解水培小麦、土培小麦的方法。

情感目标

1.通过学习和实践了解水培和土培这两种种植方法，亲手播种，体会播种的乐趣，并对麦子的成熟有满满的期待。

2.引导学生在实践中多问"为什么"和"怎么办"，培养良好的科学思维习惯。

教 学 准 备

知识准备： 小满节气知识

教学材料： 课件、麦种、麦苗粉、麦穗、土培工具、水培工具

教学设备： 电脑、投影仪

 教 学 建 议

教学重点

1.如何筛选麦种。

2.如何水培和土培小麦。

教学难点

如何土培小麦并坚持观察记录种子的变化。

教学过程

第一部分　准备阶段

🌾 主题导入

　　教师给学生提供有关小满节气的文字、图片和视频内容，并根据这些内容提出问题，激发学生的认知冲突，培养学生对学习小满知识、体验小麦种植活动的兴趣。

🌾 视频导入

　　询问学生现在的节气，引导学生说出对该节气的认识，稍作总结后播放北京电视台纪实频道纪录片《中国二十四节气——小满》或类似视频，帮助学生形成对于小满节气的初步印象。

节气阅读

　　5月20~22日，太阳来到了黄经60°。温度渐渐上升，此时大地上的小麦籽粒正渐渐饱满，水稻田里，农民伯伯正忙着播种，等待秧苗长大，好在下一个节气插秧，农田里一片繁忙的景象。小满节气的主要农作物有哪些，它们都有什么特点呢？

　　请仔细阅读海豚出版社绘本《这就是二十四节气·夏》中小满节气的内容，并结合自己生活中的观察说一说主要农作物小麦的形态特征以及自己对小麦的了解。

趣味问答

1.选择题：根据绘本和视频内容提问，或结合本地实际情况提问，帮助学生巩固小满节气知识。举例略。

2.开放性问答题：教师边讲述边提问，梳理小满节气知识。同时结合实际情况，引导学生察觉学校周围环境物候变化，探究本地区节气三候的现象，并尝试用自己的语言完整地表述出来。举例如下：

第一题： 小满节气，你会在户外看到哪些常见的花？它们有什么特征和变化？（教师作适当补充。）

第二题： 小满节气，户外会有哪些昆虫在空中飞舞？

第三题： 小满节气的气候为什么适合小麦生长？（让学生说出自己的想法，教师点评补充。）

第四题： 你知道小满节气里藏着什么样的节气故事吗？（播放视频动画：《神农尝百草》。）

第五题： 古代诗词里还藏着一些小满节气特有的诗作，你知道哪些？（教师可以出示杨万里的《小池》、范成大的《四时田园杂兴》让学生吟诵。）

小结：

准备阶段，通过导入文字、图片、视频引导学生对小满节气形成整体印象；再通过节气阅读从时间、气候、动植物等方面进一步认识小满并掌握相关知识；最后以趣味问答的方式查缺补漏、拓展学习，带领学生回顾所学，感受节气的文化内涵。接下来在课程项目实施阶段，带领学生通过观察、记录、动手实践了解和探究农作物小麦的一生。

第二部分　项目实施阶段

 任务一：小麦一生我来说

建议用时： 6分钟

活动流程： 借助视频、PPT等向学生展示小麦的生长过程，引导学生讨论并加深对小麦的认识。

师： 你们知道现在是什么节气吗？上节课，我们学习了小满的相关知识，还知道了"小满小满，麦粒渐满"，既然麦子是这个节气主要的农作物，这节课我们就来探索一下小麦的一生。

师： 根据你的生活经验，小麦的一生是什么样的？让我们去看一看小麦从种子到成熟需要经历哪些阶段。仔细观看，看你能记住几个阶段？

（播放介绍小麦不同生长阶段的视频，指出小麦的一生包括发芽、出苗、分蘖、越冬、返青、起身、拔节、抽穗、开花、灌浆、成熟。）

师： 你记住了哪些阶段？小麦的成长阶段真多，全部记住确实不容易，我们再借助图片看一看。

（PPT出示图片，做简单介绍。）

师： 在这些阶段中，哪些阶段是你不理解的？小麦有冬小麦和春小麦之分，在这些阶段中，哪三个阶段是春小麦没有的？在咱们苏州种的是哪种？你们觉得是冬小麦好吃还是春小麦好吃？

（学生的回答各不相同，教师给出答案。）

（小贴士：冬小麦在生长过程中抗寒能力极强，其幼苗能够过冬，在春天来临之际，幼苗分蘖也非常快，所以冬小麦更好吃。）

师： 要记住这些阶段还真有些难度，除了死记硬背，有什么好方法能让我们把麦子的成长过程记得更清楚些呢？

（学生回答：亲手种一种。）

 任务二：小麦种子我来选

建议用时： 10分钟

教学用具： 麦苗、麦种、水、育苗盘、捞鱼网

活动流程： 借助实物及图片引导学生了解水培小麦的过程，观察小麦苗成品，了解小满节气适宜小麦快速出芽长苗的原因；通过实践活动，教授学生筛选麦种的方法和标准。

师： 你觉得小麦可以种在哪里？

（学生回答水里和泥土里，即水培和土培；教师播放PPT展示利用水培法进行的一次实践。）

麦苗长到10厘米的记录

97

（出示的图片需要记录从选种到出芽再到长苗的整个过程，每张图片上标注观察时间。）

师：看完老师种的，你发现了什么？

（学生回答：长得特别快。）

师：为什么长得这么快呢？

（引导学生关注小满时节的温度和湿度。）

师：瞧，这就是老师新种的麦苗（拿出自己种的麦苗），这是我上周才种的，已经长这么高了！

师：在刚才说的这些步骤中，你觉得哪个步骤非常重要？

（学生回答：选种子。）

师：你有什么好方法筛选种子？要选出什么样的种子呢？请同学们分小组讨论。

（小贴士：筛选种子可以先用肉眼剔除明显不完整、干瘪以及发霉的，再借用水将浮在水面的不饱满种子挑出来，剩下的基本都是饱满的种子了。）

师：接下来我们就用刚才大家说的方法筛选种子，只有种子选好了，小麦才能长得更好！

具体步骤：

1. 教师将课前准备好的育苗盘、纱布、捞鱼网和种子下发到每个小组；

2. 将纱布铺在盘里，再将种子倒在上面；

3. 先用肉眼挑出明显不好的种子，再倒水，用捞鱼网将浮在水面上不饱满的种子挑走；

4. 拎起纱布的四个角，将水里饱满的种子拎出来，轻轻地将水拧干。

（老师将工具分发到每个小组后播放音乐，开始筛选种子，期间去每个小组指导学生实践。）

学生仔细筛选麦种

任务三：小麦种子我来种

建议用时： 13分钟

教学用具： 水、麦种、挖土勺、盆土及托盘若干

活动流程： 通过图片引导学生了解土培的方法和注意事项，然后学生动手实践。

师： 除了水培的方法，最传统的种植方法就是土培，两者有什么区别呢？

（学生回答。）

师： 光说不练假把式，接下来就让我们把刚才筛选出来的种子种到花盆里。怎么种呢？

（出示图片让学生掌握播种的方法。）

具体步骤:

1. 分小组领取一花盆土、一个托盘和一个挖土勺;

2. 用挖土勺从花盆里挖一些土,放到托盘里;

3. 将选出来的饱满种子均匀撒到花盆里;

4. 用托盘里的土均匀撒进花盆,将种子覆盖,适当洒水;

5. 在花盆上写下播种人以及播种时间。

教师指导学生播种

注意事项:撒种子时,只要二三十颗即可,种子要撒均匀,覆盖泥土时要将土盖均匀。最后浇水时要适当,泥土湿润即可。

任务四:小麦成长我来记

建议用时:6分钟

教学用具:麦穗、观察记录表

活动流程:通过展示麦穗实物,引导学生对麦子成熟产生期待,并了解养护方法。发放观察记录表,指导学生做好课后观察记录。

师:小麦种好了,你们现在最期待什么?瞧!这就是成熟的麦穗。(拿出准备好的麦穗。)要想小麦长成金灿灿的麦穗，要怎么照顾好它呢？

（引导学生讨论小麦的养护方法。）

除了照顾好，还要学会观察记录！（发放观察记录表。）我们可以将今天的日期填好，并用文字或者图画描述小麦不同时期的状态。

成熟的小麦

记录表格设计如图：

"小麦的一生"观察记录表

日期	生长状态 （文字和配图，请将细节写出来或者画出来）

任务五：小麦用途我知道

建议用时： 5分钟

教学用具： 麦苗粉

活动流程： 指导学生讨论并了解小麦的各种用途。

师： 小麦成熟以后，它的一生就结束了吗？

（学生回答没有。）

师： 它有哪些用途呢？

［小贴士：小麦的颖果（即成熟的果实）可磨成面粉做成面包、馒头，麸皮可做成麸皮馒头、麸皮饼干，麦芽可制作麦芽糖或酿制啤酒，麦苗榨汁具有保健作用等。］

学生和教师研究麦苗

师： 小麦真是浑身是宝呀！今天大家表现都很不错，老师要奖励大家每人一包麦苗粉，课后可以用水冲着喝一喝，看看味道怎么样！

总结与评价：

在选种和播种任务完成后，指导学生对照自己的实践过程进行总结评价，回顾在动手实践中遇到的问题及解决方法；在任务全部完成后以小组为单位在组内进行互评，评价内容可包括任务完成情况、知识掌握程度、团队合作、探究精神等。

主题拓展

调查水培小麦长出的麦苗是否可以食用，对身体有何好处。
调查种植小麦过程中如何做好防虫工作。

附录

知识链接

1. 小麦

　　小麦是人类最早种植的粮食作物，它适应性强、分布广、用途多，种植面积居世界首位，是我国三大粮食作物之一。小麦从出苗到成熟需要的天数叫生育期。由于气候生态条件的差异，小麦的生育期也不尽相同。一般春小麦在100天左右，冬小麦在230天左右。春小麦一般在3月下旬至4月上旬播种，7月中下旬收获。冬小麦在9月中旬至10月上旬播种，第二年5月下旬至6月初收获。小麦籽粒形状近似于椭圆或长圆形，顶部长着茸毛，下端为麦胚。有胚的一面是背面，与之相对的一面是腹面。腹面凹陷处有一沟槽，这是腹沟。小麦籽粒由皮层、胚乳和胚三部分组成。

2. 麦苗的功效

　　麦苗含有丰富的叶绿素、蛋白质、活性酶以及其他的营养素。麦苗汁对于促进胃肠道菌群平衡有一定帮助，但麦苗汁并非药物，网上所传如抗癌等神奇功效缺少科学依据，应理性看待。

参考板书

麦苗发芽

麦苗长高

芒　种

芒种到，忙种稻

　　芒种，是夏季的第三个节气，预示仲夏时节正式开始。农民抢抓农时，田间地头处处呈现一派忙碌的景象。

课程设计

 设 计 意 图

随着芒种节气的到来，天气开始变得炎热，南方即将进入阴雨连绵的梅雨期，雨水明显增加。俗话说"忙收又忙种"，农民们抓住这个时节，忙着收割大麦、小麦等有芒的作物，播种谷黍类夏播作物。"春争日，夏争时"，这句俗语充分说明了夏播作物播种期应安排在麦收后，越早越好，以保证到秋收前有足够的生长期。

大米是我们常吃的粮食。可大米是怎样种出来的呢？怎样确保大米拥有好的质量呢？围绕这个核心问题，引导学生通过科学实验来筛选好的种子，再通过对照实验探究影响种子发芽的因素。学生将意识到细微的差别就会影响种子的发芽情况，从而在日常探索中保持科学严谨的态度。

课程领域	适用年级	建议课时
生物、农业	3~6年级	2课时

 教 学 目 标

知识目标

1. 了解芒种节气的基本知识。
2. 了解温度等因素对种子发芽的影响。

能力目标

1. 学会留心观察，通过拍照、画图或做自然笔记的方式，记录芒种节气十五天里大自然的变化。

2.通过阅读图书、上网搜索、与同伴交流或实验等方式获取信息，思考影响种子发芽的因素。

3.会借助科学原理辨别种子的好坏。

4.通过活动了解水稻种植的正确方法。

情感目标

1.在一段时间内坚持观察水稻的生长变化，并做好记录，体会长期观察和数据记录的重要性。

2.引导学生在实践中发现问题，积极思考，培养良好的科学思维习惯。

教学准备

知识准备：芒种节气知识，水稻相关知识

教学材料：清水、盐水、水稻种子、碗、纱布、网兜、花盆土

教学设备：电脑、投影仪

 教学建议

教学重点

1.如何筛选水稻种子。

2.探究温度等因素对种子发芽的影响。

3.观察水稻的生长变化，并做好记录。

教学难点

通过对照实验探究温度等因素对种子发芽的影响，理解单一变量的意义。

教学过程

第一部分　准备阶段

 ### 主 题 导 入

　　教师向学生提供有关芒种节气的图片和文字（如螳螂、送花神、梅雨季等），并根据这些内容提出问题，激发学生的认知冲突，培养学生对学习芒种知识、体验水稻种植活动的兴趣。

 ### 视 频 导 入

　　询问学生现在所处的节气，引导学生说出对该节气的理解，稍作总结后播放北京电视台纪实频道出品的纪录片《中国二十四节气——芒种》或类似内容的视频，帮助学生形成对芒种节气的初步印象。

节 气 阅 读

　　6月5~7日，太阳来到了黄经75°，大麦、小麦等有芒的作物成熟了，而谷黍类夏播作物可以播种了，忙收又忙种，农民进入一年中最忙的时期。芒种一到，春天绽放的花朵已经凋谢，荫浓叶厚的盛夏即将来临。民间旧时有"送花神"的习俗，举行祭祀仪式以表达对花神的感激之情，盼望来年再次相会。此时天气开始变得炎热，要注意防暑降温。你知道芒种节气里藏着哪些秘密吗？

　　请仔细阅读海豚出版社绘本《这就是二十四节气·夏》中芒种节气的内容，并结合自己的观察说一说，你所在的地方，芒种节气有哪些典型的物候特征和活动。以自然笔记的形式将芒种节气到来时间、天气情况以及你的发现记录下来，与老师和同学一起分享。

趣味问答

1.选择题：根据绘本和视频内容提问，帮助学生巩固芒种节气知识。举例略。

2.开放性问答题：教师向学生提供有关芒种节气的文字、图片和视频，并根据这些内容提出问题，引导学生探究本地区节气三候的现象，并尝试用自己的语言完整地表述出来。举例如下：

第一题： 芒种节气，你身边常见的花叶有了什么变化？（让学生讲述在大自然中看到了哪些变化，说出自己的观察与理解，教师点评补充。）

第二题： 芒种节气，气温显著升高，动物们也想出来透透气，你最近看到了什么动物？

第三题： 芒种节气的到来预示着南方即将进入阴雨连绵的梅雨期，你知道为什么要叫"梅雨期"吗？你注意到最近有什么食物悄悄上市了吗？

小结：

准备阶段通过引导学生对身边天气变化现象的思考，引出对芒种节气三候、农事等知识点的讲解，帮助学生了解节气相关知识。再通过趣味问答查缺补漏，使学生回顾并了解自身对知识的掌握情况。接下来在课程任务探究阶段，重点引导学生思考温度等因素对种子发芽的影响。同时通过指导学生制作水稻田，长期观察水稻的生长过程，完成关于水稻生长的数据统计记录，亲自探索芒种节气的秘密。

第二部分　项目实施阶段

 任务一：水稻知识知多少

建议用时：6分钟

活动流程：借助视频、PPT等引导学生讨论并了解水稻的用途、种类及其在中国的分布情况。

师：大家看到图中有这么多好吃的食物，你知道这都是用什么做成的吗？

（PPT出示米饭、年糕、米线等米制品图片。）

师：没错，是水稻，最常见的稻米有大米和糯米。仔细观察，它们有什么区别？

（PPT出示图片。）

（小贴士：大米是椭圆形的，比较圆胖，颜色是白色半透明的。而糯米比大米更细长，是乳白色的，不透明。）

师：除了常见的水稻品种，你见过长得比人还要高的水稻吗？瞧，这些水稻平均都超过了1.8米，最高达到2.23米，就算是一个成年人进入稻田，不一会儿就被"淹没"在稻穗里了，我们叫它超级水稻。研究出这些超级水稻的人就是被誉为"世界杂交水稻之父"的袁隆平先生。

（PPT出示图片。）

师：中国人口众多，为了让每个人都吃饱饭，很多地方都种植水稻。图中红色的一块就是东北平原的水稻种植区，绿色的一块就是长江流域的水稻种植区，我们的家乡苏州也在其中。而蓝色的这一块就是东南沿海的水稻种植区。不同地区种植水稻的时间和种类都不尽相同。

（展示《我国水稻优势区域布局示意图》并稍作讲解。）

师：我们今天要介绍的就是适合在苏州种植的水稻。你知道苏州的水稻什么时候开始种吗？芒种，芒种，忙收又忙种。在这个节气里，我们要把成熟的麦子、油菜、蚕豆等都收割掉，再把水稻种下去。

任务二：**水稻种子我来选**

建议用时：10分钟

教学用具：碗、纱布、网兜、清水、盐水（比重1.13的盐水配制方法：0.24~0.25kg盐兑1kg水）

活动流程：以小组为单位，通过实践活动，教授学生筛选水稻种子的方法和标准。

师：要种出健康茁壮的水稻，就要从挑选好种子开始。在小满节气课中，我们学习了具体方法，大家还记得吗？哪位同学说一说？

（教师可指定学生回答，教师点评。）

师：接下来我们就用刚才大家说的方法筛选种子，只有种子选好了，水稻才能长得更好！

学生挑选水稻种子

 任务三：**发芽因素我来猜**

建议用时：10分钟

教学用具：纸杯、记录表1、水稻种子

活动流程：教师引导学生通过"假设——实验——验证"的方法探究种子发芽的影响因素。

师：筛选出的饱满种子还不能直接撒在田里，我们得先让种子在清水里发芽。看，这是老师提前放在清水里发芽的水稻种子，你有什么发现？

（学生回答：一个长得快，一个长得慢。）

师：请你大胆地猜一猜，是什么原因导致了它们的生长差异？

（学生回答：温度、种子本身的差异、泡水时间等。）

师：大家的猜测究竟对不对呢，要用事实来说话。请小组讨论你们想要探究的影响因素以及实验方案。

（学生讨论探究因素及实验方案：① 温度：一组种子放在暖棚中，另一组种子放在常温下。② 种子本身：一组种子为"大米种子"，另一组种子为"糯米种子"。③ 泡水时间：一组种子浸泡3天，一组种子浸泡7天。讨论结束后，以小组为单位汇报，教师注意提醒学生在对照实验中A、B两组的变量只能有一个。）

师：同学们都有了自己具体的行动方案，现在，请组长在记录表1上写下小组研究方向和对于A、B两组种子设置的不同条件。实验开始后要每天观察，做好记录。

记录表1：

＿＿＿＿＿＿对种子发芽的影响

	A组（　　）	B组（　　）
第一天		
第二天		
第三天		
结论：		

 任务四：水稻田里种水稻

建议用时：10分钟

教学用具：花盆土、清水、水杯、记录表2

活动流程：通过图片引导学生了解制作水稻田和种植水稻的方法，然后学生动手实践。

师：等种子发了芽，我们就可以把它种进水田里了。看，这是老师制作的水稻田，你觉得哪一盆才是合格的水稻田？

水稻田水量说明

（引导学生回答：第1盆太干了，有明显的土壤颗粒，说明加的水不够。第2盆太湿了，光能看到水，土都看不见了。第3盆水量适中才是合格的水稻田。）

师：怎么样才能控制加水量呢？

（学生的回答各不相同，教师给出答案：逐杯均匀加水，加完后等一等，看是否完全被土吸收，直到盆托里有水渗出为止。）

师：改造好之后，我们就可以开始种水稻了。

具体步骤：

1.找到花盆里的三个点，类似于三角形。

2.选择其中1个点，选取4~5株禾苗，直接摁进土里。

3.另外两个点也重复相同的行为。

4.在花盆上写下播种人以及播种时间。

（播放音乐，开始筛选种子，期间教师去每个小组指导学生实践。）

注意事项： 水稻种下后要记得浇水，发现水分不足时要马上补水。

学生制作水稻田

学生种下水稻

　　师： 看，这是之前其他班同学种的，刚种下时还是个小芽儿，短短4天后已经长出叶子来了，生长速度特别快，所以我们要每天观察它的生长情况，做好记录。

学生种植的水稻苗

请大家拿出记录表2，你可以用照片、文字或者图画的形式记录水稻的生长状态。

记录表2：

"水稻的一生"观察记录表

日期	水稻生长状态 （用照片、文字、图画等形式记录）

任务五：水稻一生我知道

建议用时：5分钟

活动流程：借助视频、PPT等让学生了解水稻的主要生长阶段。

师：在水田里，水稻的生长大致可以分为5个阶段。刚种进水田里的阶段是初栽期，这时候的水稻最喜欢的温度是15℃以上。接着秧苗开始长叶子了，进入了分蘗期，这时候它最喜欢的温度是30℃左右。之后慢慢进入拔节孕穗期，这时候的气温也得保持在30℃左右。接下来，幼穗从叶鞘中伸展出来，稻谷开始传授花粉，这就是抽穗扬花期。这时候它最喜欢的温度是25℃~30℃。最后，稻穗开始饱满，进入灌浆结实期，此时需要20℃左右的气温来保持生长。

（PPT出示图片。）

师：看了水稻的一生，你有什么发现吗?

（引导学生注意到水稻生长各阶段温度的变化。）

师：接下来的一个节气是夏至。俗话说，进入夏至六月天，黄金季节要抢先。因为夏至时正是水稻分蘗、孕穗拔节的好时机。下节课，就让我们一起走进夏至，感受那黄金季节吧。

总结与评价：

　　在选种和播种任务完成后，指导学生对照自己的实践过程进行总结评价，回顾在动手实践中遇到的问题及解决方法；在任务全部完成后以小组为单位在组内进行互评，评价内容可包括任务完成情况、知识掌握程度、团队合作、探究精神等。

主题拓展

调查中国常见的水稻品种及差异。

了解袁隆平和他的超级水稻。

利用碘反应来观察稻叶的淀粉含量。

附录

1.中国水稻优势产区

中国水稻产区包括东北、长江流域和东南沿海三个优势区。东北平原土壤肥沃，7、8月份降雨集中，温度较高，昼夜温差大，雨热同季，是优质粳稻的主要产区。长江流域温光水资源充裕，是我国提供商品稻谷最多的区域。东南沿海是我国降水、光照与热量最充足，最适宜水稻生长的区域。该区域既是我国稻米主产区，又是主销区，稻米需求量大。

2.杂交水稻之父——袁隆平

袁隆平是杂交水稻研究领域的开创者和带头人，致力于杂交水稻技术的研究、应用与推广，创建了超级杂交稻技术体系。袁隆平获得过国家最高科学技术奖、"未来科学大奖"生命科学奖、世界粮食奖等多个国内外奖项，2019年还被授予"共和国勋章"，但他从未放慢脚步，年逾九旬仍在工作，不断追求水稻产量的突破。

参考板书

学生种下水稻

学生展示种下的水稻

夏至

你关注过正午太阳的影子吗

夏至是二十四节气中最早被确定的节气之一。公元前7世纪，古人用土圭测日影，确定了夏至。民间有"吃过夏至面，一天短一线"的说法，就是说夏至一过，白天就一天比一天短了。

课程设计

 **设 计 意 图**

每年的夏至时间点在6月21~22日之间。《恪遵宪度抄本》中说："日北至，日长之至，日影短至，故曰夏至。至者，极也。"夏至这天，太阳直射地面的位置到达一年的最北端，几乎直射北回归线，北半球的白昼达到最长，且越往北白昼越长。夏至以后，太阳直射地面的位置逐渐南移，北半球的白昼日渐缩短。

在北半球北回归线以北地区，夏至日正午日影是一年里最短的。过了正午12点，影子会逐渐变长。我们所处的苏州地区，夏至这一天正午时分的日影是最短的吗？夏至这一天影子最短的时刻是几点几分？让学生带着问题通过一段时间的坚持测量，验证古人的智慧成果，培养坚持不懈的科学精神。

课程领域	适用年级	建议课时
物理、工程	3~6年级	2课时

 **教 学 目 标**

知识目标

1.了解夏至节气的基本知识。

2.了解圭表和日影等基本概念，掌握测日影方法。

能力目标

1.学会观察，以摄影、绘画或做自然笔记的方式，记录夏至节气十五天里大自然的变化，包括节气花、动物和农作物的生长变化。

2.通过阅读图书、网络搜索或与同伴交流等方式获取信息，知道在北半球北回归线以北地区，夏至日正午日影是一年里最短的。

3.学会制作简易圭表，用圭表测量日影。

情感目标

1.在一段时间内坚持测量日影并记录数据，并对科学数据进行记录与分析。体会长期测量和记录日影数据的重要性。

2.通过介绍圭表，引导学生学习古人爱观察、勤思考、善研究的科学精神。

教学准备

知识准备： 夏至节气知识

教学材料： PPT 课件，圭表，生活中的测量工具（簸箕、勾线笔、简易自制圭表等），测量表，中国地图，世界地图

教学设备： 电脑、投影仪

教 学 建 议

教学重点

1.如何挑选生活中常见的物品作为测日影的工具。

2.测量日影，找出夏至当天当地日影最短的时刻。

教学难点

1.如何选择生活中常见的合适工具制作简易圭表测量日影。

2.找出苏州地区夏至当天日影最短的时刻。

教学过程

第一部分　准备阶段

 视频导入

观看中国新华新闻电视网（CNC）纪录片《四季中国》第十集《夏至》的介绍视频，了解夏至节气的物候特点、气候特点及风俗等。

 古诗导入

教师带领学生诵读唐代诗人元稹所作《咏廿四气诗·夏至五月中》，读完根据古诗内容提问，请学生回答，如：诗中描写的是什么季节？诗中写出了夏至节气的哪些物候特征？夏至时节有哪些特别的天气现象？教师可通过互动式问答，激发学生的认知冲突，培养学生对探究夏至节气特点的兴趣。

节气阅读

夏至，时间点在6月21～22日之间。"至"是极的意思，夏至这天，太阳到达黄经90°，直射地球的位置到达一年的最北端，几乎直射北回归线，北半球的白昼达到最长。中国大部分地区位于北回归线以北，在这些地方，夏至日正午时刻的影子是一年里最短的。你知道夏至节气里还藏着哪些秘密吗？

请仔细阅读海豚出版社绘本《这就是二十四节气·夏》中夏至节气的内容，并结合自己的观察说一说，夏至前后日影发生了什么样的变化？夏至日正午时日影是什么样的？

💡 **趣味问答**

开放性问答题：教师边讲述边提问，再梳理一遍夏至节气的知识。同时结合实际时间、地点情况，引导学生从察觉学校周围环境物候变化开始，探究本地区节气三候的现象，并尝试用自己的语言完整地表述出来。举例如下：

第一题： 夏至节气，你在户外看到哪些常见的花？它们有什么特征和变化？哪些花是在夏至节气开放的？（让学生讲述在大自然中看到了哪些变化，说出自己的观察与理解，教师点评补充。）

第二题： 为什么说"夏至不热"？（学生自由发言，教师引导并补充。）

第三题： 夏至时，有哪些特别的天气现象？（引导学生结合实际生活思考。）

小结：

准备阶段通过引导学生对身边天气变化、瓜果成熟、动物变化的思考，讲解夏至节气相关知识。再通过趣味问答查缺补漏，使学生回顾并了解自身对知识的掌握情况。接下来在课程任务探究阶段，重点引导学生了解什么是圭表，如何测日影，以及测量的标准、工具、方法等。同时通过指导学生制作圭表、测日影，完成自然笔记本中关于日影的数据统计记录，亲身探究夏至节气的秘密。

第二部分　项目实施阶段

 复习导入

建议用时：5分钟

活动流程：借助古文引导学生讨论并认识到夏至这一天日影最短。

师：通过上节课的学习，我们知道了"夏至"节气的气候、物候、民间习俗等知识，也知道了"夏至"和春分、秋分、冬至是最早被发现的四个节气。那聪明的古人是通过什么方式发现"夏至"的呢？猜一猜。

（教师鼓励学生积极发言、畅所欲言，点评、补充后做小结。）

师：简单来说，古人就是通过"立竿测影"的方式，观察太阳照射时物体影子的长度，从而确定了哪一天是"夏至"。

师：《恪遵宪度抄本》记载了夏至名称的由来："日北至，日长之至，日影短至，故曰夏至。"

（PPT出示文字，指定学生读一读，猜一猜意思。）

（师解答：这一句的意思是说夏至这一天，太阳直射地面位置达到一年的最北端，也就是北回归线，白昼时间最长，日影最短。等过了夏至之后，太阳直射的位置将会向南移动，白昼时间逐渐变短。）

师：都说"实践是检验真理的唯一标准"，今天我们也来测一测日影，看看咱们苏州一天当中什么时间的影子最短。

 任务一：了解测日影的工具

建议用时：5分钟

教学用具：圭表、PPT课件、视频

活动流程：借助视频、PPT课件等多媒体让学生了解古人测日影的工具及发展进程。

1.立竿测影

远古时代，人们日出而作，日落而息，从太阳每天有规律地东升西落这一现象，直观地感受到了太阳与时间的关系，开始利用太阳在天空中的位置来确定时间。日影是日光照射物体所形成的阴影，随着太阳位置的变化，日影的长度和方向也发生变化。最早，古人在平地上竖一根杆子来测量日影的长短，发现一日之内，正午时日影最短。

2.圭表

接着，我们的祖先利用"立竿见影"的原理，发明了古老的圭表。

3.观星台

后来，元代杰出的天文学家郭守敬在河南登封的告成镇建造了一座测景台，也就是大名鼎鼎的河南登封观星台。它是一座高大的青砖石结构建筑，由台身和量天尺组成，整个观星台相当于一个测量日影的圭表，使得测量精度大大提高了。

河南登封观星台

125

（观看秒懂少儿制作的视频《一分钟认识圭表》，认识圭表。）

师：（出示圭表）圭表由两个部分组成，直立的标杆叫"表"，正南正北方向平放着带有刻度的刻板叫"圭"。它是古人测量日影长短的工具，正午时，太阳照射"表"形成的影子最短，影子正好落在这个带有刻度的"圭"上。

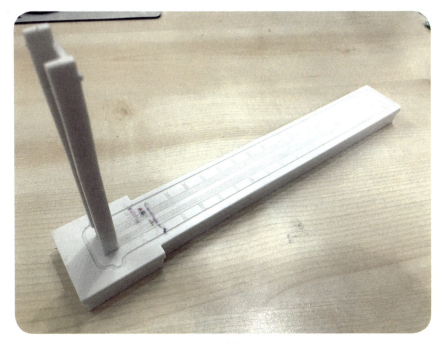

圭表实物

4.日晷

再后来，人们又发明了日晷，它是利用日影测得时刻的一种计时仪器。

师：古人先用日晷确定每天正午日影最短的时间，再用圭表去测量每一天的这个时间里影子的长度，从而确定一年中正午影子最短的便是夏至，最长便是冬至。

 任务二：发现身边的"圭表"

建议用时：5分钟

教学用具：生活中的测量工具（簸箕、勾线笔、简易自制圭表等）

活动流程：寻找可作为测量日影工具的生活中常见物品，告诉学生科学就在身边。

师：同学们，像"圭表"和"日晷"这样的仪器可能不是每家都有的，那我们身边又有哪些东西也可以用来作为测日影的工具呢？选择的时候要注意什么呢？

（学生讨论，得出如下要点：选择的物体要能够与地面垂直、可固定在地面上。）

师：找一找，身边有哪些东西可以用来作为测日影的工具呢？

（学生思考讨论，得出如下答案：电线杆、旗杆、簸箕、木棍、一个小朋友、铅笔、记号笔……）

师：科学就在我们身边，这些东西都可以用来测日影，多有意思呀！

任务三：测日影，找最短时刻

建议用时：20分钟

教学用具：简易圭表、测日影数据统计表（1日）

活动流程：小组合作测量日影，得出苏州夏至日影最短时刻。

师：请大家思考，应该到什么样的地方去测日影呢？要注意些什么呢？

（教师带领学生讨论，得出如下注意事项。）

注意事项：

1.要到空旷的地方，四周没有障碍物的遮挡。

2.观察太阳的位置，确定好观测的地点，先做好标记，不能移动。

3.从早到晚可每隔15分钟测量、记录一次，但正午时分（约11：30~12：30）日影变化很快，应每隔5分钟测量一次（用不同颜色的笔标记）。

4.一人负责标记，一人负责填表，另两人负责观察。

讨论完毕后，组织学生用圭表到学校平台实地测日影。

附记录表:

测日影数据统计表（1日）

测量日期：　　　　　　　　　　测量地点：

测量人：　　　　　　　　　　　　杆长：

日出时间：　　　　　　　　　　　日落时间：

测量时间	影长（厘米）	测量时间	影长（厘米）
你的结论			
你的疑问			

师：通过刚刚这个测日影的过程，你们有什么发现吗?

（学生总结：11:55分前，影子慢慢变短，11:55分后，影子慢慢变长。）

师：是的，最短的那个就是正午的日影，这时，影子朝着正北的方向，所以咱们苏州这一天中影子最短的时间是11:55分前后。

 任务四：坚持测量，探索科学规律

建议用时：8分钟

教学用具：中国地图、世界地图

活动流程：借助地图告诉学生不同地区的夏至日影最短时间不同，鼓励学生在实践中得真知。

师：请大家思考，苏州的夏至日，日影最短的时间是11：55分前后，那其他地方呢？也是这个时间吗？

（大部分学生回答不是。）

师：据我所知，深圳日影最短时间为12：20分左右；山西日影最短时间为12：35分左右；宁夏日影最短时间为12：55分左右。大家暑假回自己老家或者出去游玩时，也可以在那里测一测当天出现最短日影的时间，和苏州来比一比。

师：再思考一个问题，咱们中国国土有960多万平方公里，是不是所有地方的影子都朝北呢？

（学生讨论，结束后教师出示地图并讲解。）

师：夏至这一天，太阳直射北回归线，北回归线是指北纬23.5°的纬线，它穿过中国的台湾、广东、广西、云南等地。在云南普洱市的墨江县城还建有一座规模宏大的北回归线标志园，有机会可以去看看。

再来看看世界地图，北回归线在北半球还穿越了墨西哥、巴哈马、尼日尔等国家。生活在北回归线上的人们在这一天正午是看不到影子的。而在北回归线以南的地方，夏至这一天影子是朝南的。如果暑假有同学去澳门、香港、海南玩儿的时候，也可以在正午测一下日影，看看影子是不是朝南。

主题拓展

测量二十四个节气日正午时分影长。

坚持一年测日影，分析数据并总结规律，验证是否夏至这天正午的日影最短。

总结与评价:

　　通过身边的工具来指导学生测量日影，得出苏州地区夏至当天的最短日影出现在中午11:55分左右。指导学生对照自己的实践过程进行总结评价，回顾在测日影的实践过程中遇到的问题及解决方法。在测量完成后，以测量小组为单位在组内进行互评，评价内容可包括测量的注意事项、如何保证测量的准确性、知识掌握程度、团队合作、探究精神等。

附录

知识链接

1.日晷

　　日晷，是根据日影位置的变化来确定时间的一种工具。最常见的赤道式日晷由底座、晷面、指针三部分组成，其中底座与地面平行，晷面与赤道面平行，指针与地轴平行。指针与地平面的夹角必须与当地的地理纬度相同，垂直穿过晷面。指针的作用有两个，最主要的是确定南北方向，其次才是确定时间。当太阳照射指针，指针的影子随着太阳位置的变化也在晷面上慢慢移动。

2.圭表

　　圭表是中国古代最早使用的计时工具。它由"圭"和"表"两部分组成，垂直立于平地上的标杆称为表，南北方向平放的测影尺称为圭，两者相垂直。由于圭是南北朝向，而太阳自东向西运动，因此只有正午时分，表影才会正好投射到圭上。此外，由于地球公转，太阳直射点南北移动，在同一地点每天正午表影长度都不相同。根据表影长度变化规律，可以确定一年的长度和二十四节气的时间点。

3.夏至节气古诗

咏廿四气诗　夏至五月中

（唐）元稹

处处闻蝉响，须知五月中。

龙潜渌（lù）水穴，火助太阳宫。

过雨频飞电，行云屡带虹。

蕤（ruí）宾移去后，二气各西东。

注释： 古时，人们把乐律和历法联系起来，以十二律配合十二月。据《礼记·月令》记载："（仲夏之月）其音徵，律中蕤宾。"故用蕤宾代指农历五月。

参考板书

学生用生活中常见物品制作的工具测量正午日影

学生用直尺制作的工具测量正午日影

小 暑

梅雨得霉

　　小暑是夏季的第五个节气，表示季夏时节的正式开始。古语云"地煮天蒸望雨风，偶得雷暴半圆虹"，就是这个节气的真实写照。

课程设计

 设 计 意 图

　　每年的7月初便迎来了二十四节气中的第十一个节气——小暑，小暑是夏天的第五个节气。《说文解字》中解释：暑，热也。暑的本义是炎热。小暑就是小热，也就是说天气开始变热但还不是最热的时候。

　　每年的5、6月份，长江中下游的梅雨季节非常明显，每年梅子成熟时，温高湿大的连阴雨天气袭来，使得各种衣物容易发霉，此时，是霉的最佳生长期。而小暑节气的到来，正标志着江南梅雨季节的结束，伏天的开始。因此民间有"晒伏、晒经"的习俗，人们会在此日晒各种各样的物品，为的就是防止发霉。那么这个"霉"究竟为何物呢？又是如何来的呢？围绕这两个问题，引导学生学会辨别霉菌，探究长霉的原因，最后画下霉的样子。

课 程 领 域	适 用 年 级	建 议 课 时
气象、生物	3~6年级	2课时

 教 学 目 标

知识目标

1.了解小暑节气的基本知识。

2.能够认识霉，区分霉和其他真菌。

3.知道霉的形成条件。

能力目标

1.学会观察，学会用显微镜观察霉的形态。

2.通过阅读图书、网络搜索或与同伴交流等方式获取信息，辩证看待霉菌与人们生活之间的关系。

3.能够通过实验模拟霉的生长环境，探究出长霉的原因。

情感目标

1.能够坚持一段时间观察霉的生长情况，并且能够及时记录数据，进行简单分析。知道长期观察和记录数据的重要性。

2.培养学生良好的科学思维习惯，在课堂实践中引导学生多提问多思考。

教学准备

知识准备： 课前收集生霉的物品、通过查阅资料初步了解霉

教学材料： 教师准备PPT课件、视频资料、显微镜、脏湿巾、干净湿巾、馒头、腐乳、玻璃器皿；学生每组准备笔记本、绘画本、霉变物

教学设备： 电脑、相机、投影

 教学建议

教学重点

1.如何辨霉。

2.如何养霉。

教学难点

如何正确使用显微镜观察霉。

教学过程

第一部分　准备阶段

 主题导入

教师PPT出示与小暑节气相关的小知识、小暑节气植物的图片等。观看后对学生提问："这是什么节气？""对于小暑节气你了解哪些知识呢？""这个节气的植物你又认识哪些？"培养学生对学习小暑知识以及后续察霉、养霉活动的兴趣。

 视频导入

询问学生现在所处的节气，引导学生说出对小暑节气的了解，稍作总结后播放北京电视台纪实频道纪录片《中国二十四节气——小暑》或相似内容的视频，帮助学生形成对于小暑节气的初步印象。

节气阅读

小暑，时间点在7月6～8日之间，太阳来到了黄经105°。"暑"指炎热，"小"指热的程度。此时，夏天的威力开始散发，天地之间开始变得像一个大蒸笼一样，热气笼罩。就像诗中说的："地煮天蒸望雨风，偶得雷暴半圆虹。旱南涝北新天壤，总有荷塘色味同。"

小暑节气，天气有什么变化？哪些花开放了呢？小暑节气里还藏着哪些秘密？请仔细阅读海豚出版社绘本《这就是二十四节气·夏》中小暑的相关内容。

趣味问答

1.选择题：观看视频和阅读绘本后，针对视频、绘本的内容结合苏州本地的实际情况对学生进行提问，帮助学生巩固小暑节气知识。举例略。

2.开放性问答题：教师展示图片进行小结，在小结的同时可以提出相关问题，对知识进一步进行梳理。还可以结合实际的时间、地点，引导学生观察周围的环境物候变化，如：现在我们校园里的树木、植物是什么状态？五天后再看看有什么变化？可以试着讲给你的同桌或者家人听。

第一题： 哪些花是在小暑节气开放的？（让学生讲述在大自然中看到了哪些变化，说出自己的观察与理解，教师点评补充。）

第二题： 小暑节气，稻田里蛙声一片，那么你还听到树上有什么动物的叫声呢？

第三题： 小暑节气民间有很多习俗，你知道哪些呢？（让学生说出已知的习俗，教师点评补充晒伏、晒经活动。）

小结：

第一课时通过引导学生对身边气温变化、花开放、动物叫声变化的思考，引出对小暑节气三候、农事等知识的讲解，帮助学生了解小暑节气知识。再通过趣味问答查缺补漏，使学生回顾并了解自身对知识的掌握情况。接下来在课程任务探究阶段，重点引导学生思考什么是霉，如何才会长霉，以及观察的标准、工具、方法等。同时通过指导学生观察霉、培养霉、绘制霉，探究小暑节气的秘密。

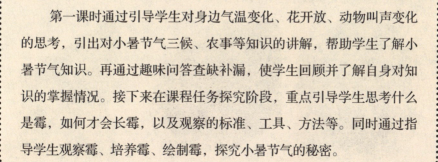

第二部分　项目实施阶段

 视频导入：梅雨得霉

建议用时： 4分钟

活动流程： 教师播放《还珠格格》视频片段，引入"梅雨"。

师： 在视频中，乾隆皇帝在藏书楼发现了什么？

（学生答发现书本发霉了。）

师： 是的，每年的5、6月份，长江中下游的梅雨季节非常明显，每年梅子成熟时，温高湿大的连阴雨天气袭来，使得各种衣物容易发霉，此时，是霉的最佳生长期。（教师出示图片介绍梅雨相关知识。）那么视频中的皇帝发现了"霉"以后又是如何做的呢？继续看视频。

（学生看视频后回答晒书。）

师： 对，就是晒。小暑节气的到来，正标志着江南梅雨季节的结束，伏天的开始，因此民间有"晒伏、晒经"的习俗，人们会在此日晒各种各样的物品，为的就是防止发霉。那么这个"霉"究竟为何物呢？又是如何来的呢？今天我们一起来探索。

 任务一：我来找霉

建议用时： 2分钟

活动流程： 学生根据教师提问自由发言，教师展示图片，补充、总结。

师： 在生活中你知道什么样的霉？你见过什么样的霉？

（学生自由发言，教师出示PPT图片。）

发霉的瓶底　　　　霉烂的芒果　　　　发霉的桑叶柄

发霉的馒头　　　　　　　沙发背后　　　　　　　浴室脚垫

 任务二：我会辨霉

建议用时： 5分钟

活动过程： 学生分小组识别图片中的霉，教师听取学生结论并总结。

师： 霉有很多种类，还有很多长得像霉的生物，下面这几张图片你能找出哪些是霉吗？

（PPT出示四幅图片：）

师：现在请同学们4人一组，每组的桌子上有四张图片，请你找出霉的图片并说一说理由。

（学生分小组讨论，每组选一个代表陈述理由，最后教师总结。）

师：霉也就是霉菌，它属于真菌，是丝状真菌的俗称。大量菌丝可以交织成枝繁叶茂的菌丝体，喜欢生长在潮湿温暖的地方。我们的肉眼可以看到像绒毛状、絮状或蜘蛛网形状的菌落，那就是霉菌。真菌是一种真核生物。最常见的真菌是各类蕈类，我们食用的蘑菇就属于这一类。此外，除了我们刚刚说的霉菌属于真菌，酵母也是真菌的一种。

 任务三：我能养霉

建议用时：3分钟

教学用具：吃剩的馒头、用过的湿巾、干净的湿巾、玻璃器皿

活动流程：教师展示课前实验结果，带领学生讨论生霉的条件。

师：现在我们知道了如何辨别霉，那么霉是如何长出来的呢？其实霉对生长条件也有很高的要求。

（教师提前进行实验，模拟霉的生长环境：在三个玻璃器皿中装入不同的材料，一个装吃剩的馒头、一个装用过的湿巾、一个装干净的湿巾，在适宜霉生长的相同环境下静置相同天数，观察结果。）

师：老师在一周前把吃剩的馒头、用过的湿巾、干净的湿巾分别放在了三个玻璃器皿内，你猜哪一个玻璃器皿里的东西发霉了？

（学生答：吃剩的馒头、用过的湿巾。）

师：那我们来看看是不是这样呢？

（PPT出示结果。）

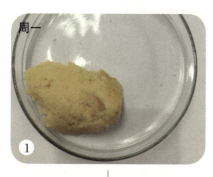

周一

①

吃剩的馒头

（周一放入玻璃器皿中的馒头，在周四的早晨发现了霉，到了周五霉更多了。）

周四

②

周五

③

用过的湿巾

（用过的湿巾，在周四并没有发现霉，到了周五发现了一小处霉点，到了周六霉点变大。）

周一

①

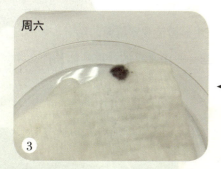

周六

③

周五

②

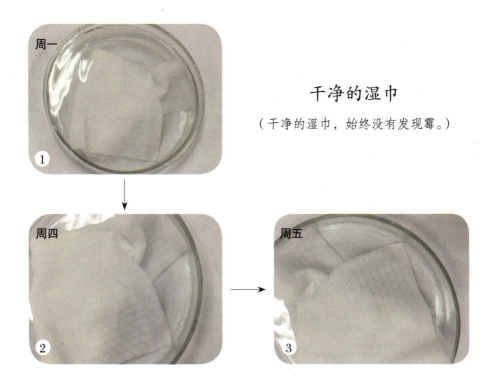

周一

干净的湿巾

（干净的湿巾，始终没有发现霉。）

1

周四

2

周五

3

（展示过实验结果后组织学生讨论生霉的条件，之后教师总结。）

师：通过实验可以看出，霉生长的条件是潮湿、温暖、阴暗、不通风、脏……

📋 任务四：我能察霉

建议用时：15分钟

教学用具：显微镜、霉变物体

活动流程：带学生认识显微镜，学会使用显微镜观察霉菌的形态。

师：我们用肉眼只能看到物体表面的霉——黑乎乎的，霉具体长什么样呢？这就需要借用显微镜来观察。

（教师介绍显微镜，PPT出示图片。）

（小贴士：建议每组分发一张显微镜示意图，先暂不取出显微镜，学生看着示意图听老师介绍显微镜各项功能、用法。）

显微镜实物图

生物显微镜结构示意图

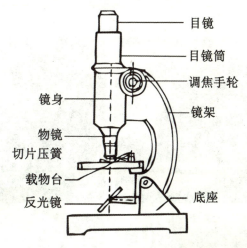

目镜

目镜筒

调焦手轮

镜身

镜架

物镜

切片压簧

载物台

反光镜

底座

师：显微镜的使用步骤是什么呢？我们一起来看看。

显微镜使用步骤：

1.取镜并安放。

2.对光。

3.安放玻片标本。

4.调节调焦手轮。

5.调节并观察。

师：现在请每个小组取出显微镜，组长到老师处领取载玻片和盖玻片，从自己带来的霉变物中取样制作切片，在显微镜下观察。

具体步骤：

1.用镊子或剪刀从霉变物上取下霉样本，轻轻放在载玻片上，盖上盖玻片。

2.把对好光的显微镜镜筒调到最高处，将载玻片轻轻放在载物台上，旋转粗动调焦手轮使镜筒下降（眼睛从侧面看着物镜，动作轻缓，不要压碎盖玻片）。

3.边观察边慢慢向上旋转微动调焦手轮，直至观察到霉的形态为止。

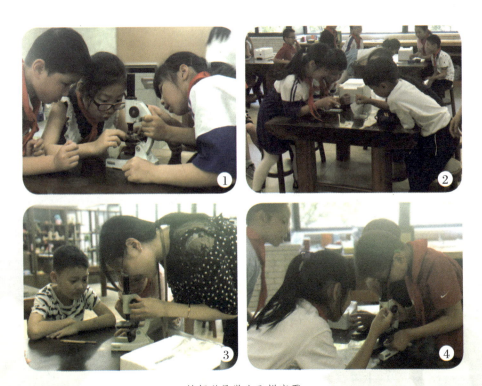

教师引导学生取样察霉

注意事项：学生在取样切片观察时，教师可去每个小组指导学生动手、观察。

观察完毕后，教师和学生一起总结霉的特点。

师：通过观察我们可以发现，霉菌菌落大，疏松，干燥，不透明。培植的菌落和培养基之间紧密连接。菌落正面的颜色和菌落反面的颜色是不一样的，它们的构造也不一样。同样，在边缘的菌落和在中间的菌落颜色、构造也不一致。

 ### 任务五：我会画霉、防霉

建议用时：6分钟

教学用具：霉、观察记录纸

活动流程：组织学生画出观察到的霉的形态，说一说防霉的方法。

师：刚才我们每个小组都观察到了不同霉变物体上霉的样子，现在请把你们观察到的霉在记录纸上画一画吧。

记录纸设计如下：

我观察到的霉是这样的：

师： 我们已经认识了霉，那么在生活中应该如何来预防长霉呢？

（学生交流，总结方法：干燥、通风、干净、暴晒、低温。）

师： 那霉菌都是对人类有害的吗？哪些霉是对人类有用的？哪些霉是可以食用的？

（教师播放青霉素相关的视频，介绍青霉素的由来、作用。）

师： 看来，霉也有"好霉"和"坏霉"之分呀。这节课大家的表现都很棒，那么老师就奖励给大家尝一尝这个可以食用的霉——腐乳，看看味道如何。（向学生分发腐乳。）进入小暑节气之后就开始入伏了，小暑过后的下一个节气就是大暑，那时便进入了三伏天，天上的云朵也将变得千姿百态，那么这些形态各异的云朵又有什么奥秘呢？下一个节气我们再来探讨。

总结与评价：

第二课时，通过找霉、辨霉、养霉、察霉、画霉和防霉等丰富的课堂活动，以任务为导向，引导学生逐步深入，循序渐进地探究霉菌的相关知识。教师可在每项任务完成后及时总结知识点，帮助学生加以巩固。其中，"察霉"任务涉及显微镜的使用，教师应注意在活动前讲清正确的使用方法，活动中及时纠正学生的错误，活动后再次回顾使用要点。在任务全部完成后，可以通过问答帮学生回顾所学，再次梳理知识要点。课下，组织学生就本课开展自评与组内互评，评价内容可包括自主探究能力、方案设计能力、团队合作精神、创新与反思等。

主题拓展

调查霉的危害。

调查霉的用途。

附录

1.霉菌

霉菌是丝状真菌的俗称。霉菌菌体由分枝或不分枝的菌丝构成。许多菌丝交织在一起，叫菌丝体。霉菌菌丝体较发达，但又不像蘑菇那样能产生较大的子实体。同其他真菌一样，霉菌也有成形的细胞核和细胞壁，以寄生或腐生方式生存。它们往往在潮湿的环境中大量生长繁殖，形成丝状、绒毛状、絮状或蜘蛛网状的疏松菌落。霉菌在自然界分布广泛，既能用于有用物品的生产，也会导致食品、农工业制品霉变，引起多种动植物疾病。

2.霉菌的作用

霉菌和人类生活、生产关系十分密切，是人类实践活动中最早认识和利用的一类微生物。早在2000多年前，我国古人就已经懂得利用霉菌家族中的曲霉来制酱、酿酒、造醋。在现代社会，霉菌在工业生产中依旧得到广泛应用，用于生产抗生素、有机酸、酶制剂等。在农业上，霉菌可用于饲料发酵，以及赤霉菌等植物生长刺激素、白僵菌剂等杀虫农药的生产。

参考板书

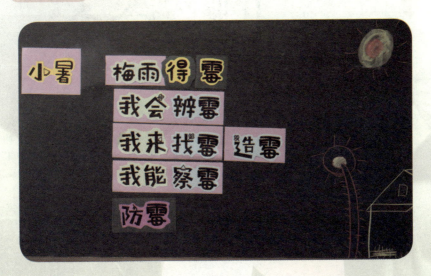

147

学生实践成果

我观察到的霉是这样的：

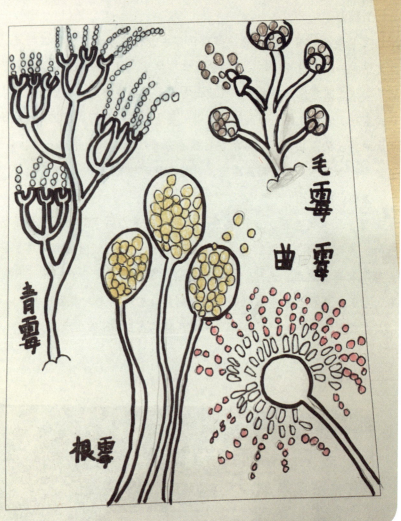

学生观察到的霉菌形态

148

大暑

美丽的云图

　　"小暑不见日头，大暑晒开石头。"伴随着持续高温，大暑节气的到来预示着一年中最热的时期已经降临。

课程设计

 设计意图

　　伴随着持续高温，大暑节气的到来预示着一年中最热的时期已经降临。大部分地区高温酷热，暑气蒸腾。此时是喜热植物一年中生长速度最快的时期。古人说"腐草为萤"，大暑时节，萤火虫破卵而出，为夏夜带来了些许梦幻的色彩。

　　然而白天由于高温酷热，湿气重，大量水汽蒸腾而上，天气变得异常闷热，经常伴有雷雨天气出现。那么我们怎样才能提前预知是否降雨呢？围绕这个核心问题，引导学生通过自己的触觉、视觉等感官判断和平时的经验判断降雨的可能性，再通过影像展示云图，鼓励学生在生活中观察实践，证实降雨和云的关系。在对比观察中启发学生思考，引导学生学会看云识天气，了解气象文化知识。

课程领域	**适用年级**	**建议课时**
气象、物理	3~6年级	2课时

 教学目标

知识目标

1.了解大暑节气的基本知识。

2.了解云图的基本概念和分类，并在生活中实践观察。

能力目标

1.学会观察，以摄影、绘画或做自然笔记的方式，记录大暑节气十五天里云的变化，学会看云识天气。

2.探究云与人们生产生活的关系，并在生活中进行观察。

情感目标

1.在一段时间内坚持观察、记录云的形态，分析云与天气的关系，体会长期记录天气数据的重要性。

2.培养良好的观察自然的习惯。

教学准备

知识准备： 大暑节气知识、气象知识

教学材料： PPT课件、卫星云图、大自然的云图

教学设备： 电脑、投影仪

 教 学 建 议

教学重点

1.了解云图的基本概念和分类。

2.探究云图与生产生活的关系。

教学难点

1.看懂云图并能应用在生活实践中。

2.创意地表达自己对云图的感受。

教学过程

第一部分　准备阶段

 主 题 导 入

教师向学生提供有关大暑节气的文字、图片和视频，并根据这些内容提出问题，激发学生的认知冲突，培养学生对学习大暑知识、观察云图活动的兴趣。

 视 频 导 入

询问学生现在所处的节气，引导学生说出对该节气的了解，稍作总结后播放北京电视台纪实频道拍摄的记录片《中国二十四节气——大暑》或相似内容的视频，帮助学生形成对于大暑节气的初步印象。

> **节 气 阅 读**
>
> 大暑，时间点在7月22~24日之间。大暑相对于小暑，天气更加炎热，是一年中日照最多、气温最高的时候，也是喜热作物生长速度最快的时期。大暑一般在"三伏天"里最热的"中伏"前后，大地上暑气蒸腾，极其闷热，很多地区的旱、涝、风灾等各种气象灾害也最为频繁。
>
> 请仔细阅读海豚出版社绘本《这就是二十四节气·夏》中大暑节气的内容，并结合自己的观察说一说所在的地方大暑节气有哪些典型的物候特征和活动。以自然笔记的形式将大暑节气到来时间、天气情况以及你的发现记录下来，与老师和同学一起分享。

💡 **趣味问答**

1.选择题：根据绘本和视频内容提问，或结合本地实际情况提问，帮助学生巩固大暑节气知识。举例略。

2.开放性问答题：教师边讲述边提问，梳理大暑节气知识。同时结合实际时间、地点，引导学生从察觉学校周围环境物候变化开始，探究本地区节气三候的现象，并尝试用自己的语言完整地表述出来。举例如下：

第一题： 大暑节气，你会在户外看到哪些常见的花？它们有什么特征和变化？（教师作适当补充。）

第二题： 大暑节气，户外会有哪些昆虫在空中飞舞？

第三题： 大暑节气的气候有怎样的变化？（让学生说出自己的想法，教师点评补充。）

第四题： 你知道哪些关于大暑节气的故事？（听故事《腐草为萤》。）

第五题： 关于大暑节气的诗作有很多，你知道哪些？（教师可出示曾几的《大暑》、司马光的《六月十八日夜大暑》让学生吟诵。）

小结：

准备阶段通过引导学生对身边气候变化现象的思考，引出对大暑节气三候等知识的讲解，帮助学生了解大暑节气相关知识。再通过趣味问答查缺补漏，使学生回顾并了解自身对知识的掌握情况。接下来在课程任务探究阶段，重点引导学生思考什么是云图，如何观察云图。同时，通过指导学生观察记录，引导学生探究云图与天气变化之间的关系。

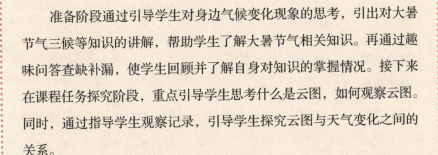

第二部分　项目实施阶段

 ### 任务一：雷雨的形成

建议用时：7分钟

活动流程：借助视频、PPT等引导学生讨论并了解雷雨的形成过程和危害。

师：同学们，你们知道今年的大暑节气是哪一天吗？经过之前的学习，你知道大暑节气有怎样的气候变化？

（学生回答：气温高，湿度大，经常出现雷雨天气。）

师：同学们说得都很好，那雨是怎样形成的呢？一起跟老师来了解一下。

（播放介绍降雨形成过程的视频。）

师：那么雷雨又是怎样形成的？（播放视频。）看完视频，你现在知道为什么大暑季节多雷雨了吗？

师：是的，因为大暑节气气温高、湿度大，大量水蒸汽升腾到天空中，更容易形成雷雨天气。那么雷雨天气有哪些危害呢？

（学生自由发言，教师总结：引发火灾、爆炸、触电、设备设施毁坏、大规模停电等。）

师：你们觉得怎样才可以预防这些危害？没错，预测。为了能够更好地预测天气，科学家们不仅持续观察身边的天气变化，还发明了各种先进的设备。这节课就让我们走近——美丽的云图，去探索一下云图的秘密吧。

 ### 任务二：认识云图

建议用时：20分钟

教学用具：PPT课件、云图

活动流程：借助PPT及图片帮助学生了解不同的云在云图上的特点，引导学生观察云图，了解不同的云产生的原因；通过实践活动，认识不同的云。

师：生活中，我们抬头就能看见云，不同的云，蕴含着不同的意义，其实云朵都会说话。通常你都是怎么看云的？今天，我们要换个角度看云。

（PPT出示卫星云图照片。）

2018年9月15日12时台风山竹卫星云图－风云四号A星（图源：国家气象卫星中心）

师：你们知道这是什么吗？

（学生自由发言，教师总结，引出"气象卫星云图"。）

师：从中可以看出什么？

（对学生回答给予启发鼓励，教师总结：关注不同天气系统云的分布范围和各种云状的特点。）

师：气象卫星云图是以气象卫星之仪器拍摄大气中的云层分布，来寻找天气系统并验证地面天气图绘制的正确性。大致而言，卫星云图可分为红外线卫星云图、可见光卫星云图以及色调强化卫星云图。今天我们就来认识一下这些美丽的卫星云图。

（PPT出示卫星云图上的积雨云，积云、浓积云，层云（雾），中云，卷云，冷锋天气并讲解。）

师：刚刚了解了这些关于云图的知识，你能试着完成这张表格吗？请同学们分小组讨论。

155

名　　称	特　　点
积雨云	
冷锋天气	
卷云	
中云	
积云、浓积云	
层云（雾）	
急流云	

师：了解了云图的特点，我们还要看懂云图。

学生对照表格识别云图内容

（出示卫星云图及生活中云的图片，让学生在图片中认一认各有哪些天气系统。）

师：了解这些云图有什么用呢？

（学生回答：预测天气，预防灾害。）

📋 任务三：手绘云图

建议用时： 13分钟

教学用具： 各种云图图片、彩笔、PPT课件

活动流程： 通过优美的云图启发学生发挥自己的想象力绘制属于自己的云图，然后学生动手实践。

师： 云图不仅预示着天气，也给我们的天空增添了不同的色彩。有时候这些在天空中的云还变化无常呢。你瞧！你觉得这张图上的云像什么？

（PPT展示图片。）

师： 奥地利和德国有两位先生就在看云的时候灵感乍现，绘制了漂亮的云图，让我们来欣赏一下。

（带学生欣赏云图作品。）

师： 大家想不想也来创作一下呢？请同学们拿出手上的云图，一起来看一看、画一画。

学生绘制创意云图

📋 任务四：特殊的云

建议用时： 2分钟

教学用具： PPT课件、观察记录表

活动流程： 通过展示世界各地发现的特殊云，引导学生观察身边的云的变化，指导学生做好课后观察记录。

师：同学们，其实大自然也是一位能工巧匠，你们看。

（教师在 PPT 中出示十大特殊云。）

师：这些特殊的云其实预示了特殊的天气，你们想知道是什么吗？不妨自己去大自然中看看，多抬头望望天，看看云，我想你一定会有不同的收获。

 任务五：总结拓展

建议用时：3分钟

活动流程：指导学生讨论预测天气的其他方法；鼓励学生走进自然，观察自然。

师：除了云图可以帮助我们了解天气变化之外，你还知道哪些方法可以帮助我们预测天气？

（师生一起讨论，教师最后总结：观察动物行为，如"蜻蜓低飞，必有大雨"。通过观察日晕和月晕来预测天气，古代有"日晕三更雨，月晕午时风"的说法。）

师：今天我们了解了雷雨的形成，也认识了云图，学会了观察和辨别不同的云。今后希望你们也能多多观察身边的气候变化，成为一个通晓天气的小专家。

总结与评价：

在认识云图和手绘云图之后，指导学生对照自己的实践过程进行总结评价，回顾在实践过程中所运用到的观察和合作的方法；在任务全部完成后以小组为单位在组内进行互评，评价内容可包括任务完成情况、知识掌握程度、团队合作、探究精神等。

主题拓展

利用节假日观察和记录大暑期间的云图并加以创作。

绘制属于自己的手绘云图绘本。

附录

知识链接

卫星云图上各类云的特征

1.卷云：在可见光云图上，卷云的反照率低，呈灰色到深灰色；若呈白色，则说明云层很厚，或与其他云相重叠。在红外云图上，卷云顶部温度很低，呈白色。无论是在可见光还是红外云图上，卷云都有纤维结构。

2.中云（高层云和高积云）：在卫星云图上，中云与天气系统相连，表现为大范围的带状、涡旋状、逗点状。具体来说，在可见光云图上，中云呈灰白色到白色，云的厚度可根据色调差异判定；在红外云图上，中云呈中灰色。

3.积雨云：无论在可见光还是红外云图上，积雨云的色调最白；当高空风小时，积雨云呈圆形，高空风大时常表现为椭圆形。

4.积云、浓积云：在可见光云图上积云、浓积云的色调很白，但由于二者高度不一，在红外云图上的色调从灰白到白色不等，纹理不均匀，边界不整齐。

5.层云（雾）：在可见光云图上，层云（雾）表现为光滑均匀的云区；色调呈白色到灰白色，若层云厚度超过300米，其色调很白；层云（雾）边界整齐清楚，与山脉、河流、海岸线走向相一致。在红外云图上，层云色调较暗，与地面色调相似。

学生实践成果

手绘创意云图